Linda Diehl

Hochzeit do it yourself

Linda Diehl

HOCHZEIT do it yourself

Fantasievoll, farbenfroh – einfach unvergesslich

urania

Inhalt

Einleitung

Herzlichen Glückwunsch zur Verlobung! Wahrscheinlich kribbelt es noch überall und ihr könnt euer Glück kaum fassen. Heiraten ist einfach wunderbar und die Planung der Hochzeit ist eine einmalige Zeit, die ihren ganz besonderen Zauber hat. „Hochzeiten“ sind eben auch Zeiten mit vielen Höhepunkten – Sternschnuppen im Leben. Und das Schöne ist: Auf dieser Sternschnuppe könnt ihr jetzt noch die nächsten Monate reiten. Genießt den Sternenglanz um euch herum, genießt die Gestaltungsfreiheit, es ist euer Fest. Und genießt es einfach auch mal, im Mittelpunkt zu stehen, macht dieses besondere Fest genau so, wie ihr es euch vorstellt.

Wenn ihr euch Zeit nehmt und etwas Muße mitbringt, könnt ihr bei eurer Hochzeit wahre DIY-Wunder vollbringen. Ihr könnt gemeinsam Girlanden oder Pompons basteln, wunderschöne Namenskärtchen, Tischkarten, Sitzmöbel, ja selbst das Buffet könnt ihr ganz nach eurem Geschmack gestalten, ganz exquisit und individuell. Macht eure Hochzeit zu einem Kreativ-Feuerwerk, das in jedem Detail eure Handschrift trägt. Macht es zu eurem einmalig unvergesslichen Fest.

Ich wünsche euch eine tolle Verlobungszeit, die im schönsten Tag eures Lebens gipfelt.

Linda Diehl

Unser Budget

Hochzeiten sind in Deutschland ein sehr lukratives Geschäft. Schätzungen zufolge beläuft sich der Umsatz der Hochzeitsbranche auf über zwei Milliarden Euro pro Jahr – Tendenz steigend. Dass die Hochzeitsindustrie trotz der sinkenden Anzahl an Eheschließungen dennoch so gewinnbringend ist, liegt daran, dass sich Paare ihre Hochzeit immer mehr kosten lassen. Wenn es um die eigene Hochzeit geht, ist vielen auf einmal kein Preis mehr zu hoch. Viele Dienstleister nutzen diese hohe Zahlungsbereitschaft geradezu aus und verlangen bei gleicher Leistung, sobald es um eine Hochzeit geht, mehr Geld. Sicherlich, Qualität hat ihren Preis und in diesem Buch soll es auch nicht darum gehen, Dienstleistern Dumping-Löhne zu zahlen. Doch verschulden müsst ihr euch auch nicht. Das A und O ist eine realistische Budgetplanung, dann könnt ihr auch so richtig loslegen.

Zwei Dinge sind wichtig und sollten, bevor ihr euch in die Planung stürzt, geklärt werden. Wie viel haben wir und wie viel wollen wir für unsere Hochzeit ausgeben?

Auf Seite 10 findet ihr eine Tabelle, hier sind Durschnittskosten eingetragen, die von Low-Budget bis High-Budget gehen. Low-Budget ist die durchschnittliche Untergrenze, für die ihr diese Leistung bekommt. Und High-Budget die Höchstgrenze. Überlegt euch zu zweit, welche Punkte euch vielleicht am wichtigsten sind, bei welchen ihr gerne mehr Geld ausgeben wollt und bei welchen Punkten ihr auch mit weniger zurechtkommt.

Grundsätzlich ist es so, dass in nahezu allen Kategorien eine DIY-Alternative gefunden werden kann. Die Preisunterschiede sind enorm. Trotzdem ist es hilfreich, sein Budget zu kennen und vor allem zu planen. Auch wenn ihr euch Tausende von Euro sparen könnt, zum Nulltarif zu heiraten dürfte fast unmöglich sein. Deswegen überlegt euch gleich zu Beginn, wer von euren Freunden und Verwandten welche Bereiche übernehmen kann. Die wichtigsten Punkte sind in der Tabelle aufgelistet, im Verlauf des Buches werden einzelne Punkte dann ausführlich behandelt. Für die Vorab-Kalkulation genügt es, wenn ihr die folgenden Punkte miteinander durchgeht und dann jeweils in die Low- oder High-Budget-Spalte eintragt. Kann ja auch alles noch revidiert werden.

1. Bei kirchlicher Trauung:

Kennt ihr einen Organisten, also jemanden, der gut Klavier und vielleicht auch schon mal in seinem Leben Piano gespielt hat? Kennt ihr einen Chor oder wenn nicht, empfiehlt es sich, in der Gemeinde zu fragen? Chöre sind oft gemeinnützige Vereine und nehmen keine Honorare, sondern Spenden. Vielleicht gibt es auch jemanden in der Familie, der nachweislich gut singen kann, und jemanden, der ihn oder sie mit der Gitarre begleitet. Gerade Organisten und Solisten in der Kirche sind Kostenpunkte, die gerne vergessen oder unterschätzt werden.

2. Die standesamtliche Trauung:

Kostenpunkte sind hier Deko und Sektempfang. Die Kosten bei Standesämtern variieren in der Regel. Das hängt unter anderem davon ab, ob samstags oder unter der Woche geheiratet wird und wie beliebt das Standesamt ist. Kosten zur Anmeldung im Standesamt, wenn beide deutsche Staatsbürger sind: 40 Euro, Kosten zur Anmeldung im Standesamt, wenn der Ehepartner eine ausländische Staatsangehörigkeit besitzt: 50 bis 120 Euro, Urkunden je 10 Euro. Wird die Eheschließung von einem auswärtigen Standesamt vorgenommen, können zusätzlich Gebühren entstehen, in der Regel ab 40 Euro. Trauungen an besonderen Orten, wie besonderen Trauzimmern (in Schlössern), oder sogenannte Ambiente-Hochzeiten werden gesondert berechnet. Es können durchaus Gebühren von 400 Euro und mehr anfallen.

3. Der Sektempfang:

Wenn es irgendwie möglich ist, empfiehlt es sich, den Sektempfang nach der Trauung vor der Kirche oder vorm Standesamt zu machen. Eine gute Idee ist es, sich dafür bei Freunden, der Gemeinde oder beim Arbeitgeber Stehtische auszuleihen. Meist kennt irgendwer irgendwen, der einen Stehtisch hat. Im Restaurant wird's gleich richtig teuer. Und gerade beim Sektempfang kann man gut ein paar Häppchen im Voraus zubereiten. Entweder ihr übernehmt das oder ihr delegiert diese Aufgabe an den engen Familien- und Freundeskreis. Auch Sektgläser kann man meist ausleihen. Günstig, nur leider nicht besonders umweltfreundlich und schick, sind Plastiksektgläser, die online zu guten Konditionen erworben werden können.

4. Die Hochzeitsfotos:

Hier ist die Preisspanne enorm. Von Profis, Halbprofis bis zum teuren Laien gibt es wirklich alles und oftmals zu Wucherpreisen. Wie wichtig ist euch das perfekte Hochzeitsbild? Und vor allem, kann es vielleicht jemand machen, den ihr kennt, von dem ihr wisst, derjenige fotografiert gut und hat vor allem ein gutes Equipment? Denn scharf und gut belichtet sollten die Fotos ja schon sein. Wenn ihr dann mit dieser Person eine Stunde Fotos macht und den anderen Gästen sagt, sie sollen ruhig den Tag über fleißig knipsen, dann werden das wunderbare Fotos werden. Hochzeitsfotografen machen mittlerweile oftmals Fotostrecken, die sich über den ganzen Tag ziehen. Vom sogenannten Getting-Ready bis zum Getting-Real-Drunk ist dann alles dabei. Die Frage ist: Will man das? Und will man später 6000 Hochzeitsfotos haben?

5. La Musica:

„Ohne Musik wäre das Leben ein Irrtum" – in diesem Punkt darf man dem alten Nietzsche getrost Glauben schenken. Ein rauschendes Fest lebt von der tollen Musik. Auch hier ist die Preisspanne enorm. Als einfache Formel kann man sagen: Viele Musiker kosten auch viel Geld. Und je länger sie spielen, desto teurer wird's. Also: Habt ihr einen Freund oder Bekannten, der in einer Band spielt? Kennt ihr einen DJ oder jemanden, der hobbymäßig auflegt? Soll die Band oder der DJ euch den ganzen Tag begleiten oder reicht es für die Party nach dem Abendessen? In der Regel wird ja früher nicht getanzt und während des Essens schenkt man der Band auch selten die volle Aufmerksamkeit.

6. Die Location + Food:

Am günstigsten ist es natürlich im privaten Rahmen. Wenn ihr also Geld sparen wollt, stellt sich die Frage: Kann die Hochzeitsfeier auch im Haus oder Garten stattfinden? Vielleicht kennt ihr auch eine schöne Location, die ihr günstig anmieten könnt: einen Bauernhof, eine alte Scheune, eine schöne Firmenhalle ...?

Denkt nur daran, dass ihr, wenn ihr einen Caterer engagiert, in der Regel für alles bezahlen müsst, von der Gabel bis zum Teller. Restaurants haben demgegenüber den Vorteil, dass sie das Equipment ohne Leihgebühr zur Verfügung stellen und dafür auch meist keinen Aufpreis verlangen. Unter Umständen, gerade bei einer eher kleinen Gästeanzahl, kann die Feier im Restaurant sogar günstiger sein. Am allergünstigsten ist natürlich das selbst gemachte Buffet – und bitte unterschätzt nicht, eure Gäste wollen euch helfen und sind gerne bereit, einen Beitrag zu leisten. Und ihr wisst am besten, wer was kann. Eine schöne und günstige Sommervariante ist die Garten-Hochzeit.

7. Die Drinks:

Wenn ihr im Restaurant feiert, solltet ihr euch vorab überlegen, ob sich eine All-You-Can-Drink-Pauschale lohnt – bei sehr vielen und sehr feierwütigen Gästen unter Umständen: ja. Ihr kennt eure Gäste: Sind sie im Schnitt mit vier Gläsern Wein bedient oder geht die Party erst nach dem fünften Cuba Libre richtig los? Generell gilt: Longdrinks sind teuer und machen schnell betrunken. Wenn Longdrinks angeboten werden, dann idealerweise erst zur Party. Sonst habt ihr um sieben Uhr abends schon die Ersten, die vom Stuhl kippen. Das will man nicht. Möglich und vor allem günstiger ist es, komplett auf Longdrinks zu verzichten: Bier, Wein und Prosecco machen auch gute Stimmung und sind kostengünstiger. Wenn ihr eine Location habt, die nicht bewirtet wird, empfiehlt es sich natürlich, die Getränke selbst zu kaufen. Habt ihr jemanden im Familien- oder Freundeskreis, der in der Gastronomie arbeitet? Dann könnt ihr die Getränke aus dem Großhandel beziehen und spart sehr viel Geld. Oder achtet auf Angebote: Viele Discounter haben regelmäßig Getränke-Angebote, so könnt ihr euch die Drinks auch günstig beschaffen.

8. Die Deko:

Aber hallo, wenn das nicht in den DIY-Bereich fällt, was dann? Die bekommt ihr auch als Kreativmuffel mit diesen Tipps und Tricks garantiert hin.

9. Das Brautkleid und der Anzug:

Wer hätte es gedacht, doch auch hier gibt es wohl keine Grenze nach oben. Prio 1: Ihr sollt natürlich beide umwerfend aussehen. Doch dafür müsst ihr euch nicht unbedingt in Unkosten stürzen. Bei eBay & Co gibt's gebrauchte Kleider zu Schnäppchenpreisen. Ansonsten gibt es auch im Internet schöne Kleider unter 200 Euro. Kleiner Tipp vorweg: Wenn ihr unter „Ballkleid weiß" sucht, sind die Preise, o Wunder, schon viel erschwinglicher. Auch ein guter Anzug lässt sich mit neuer Weste und elegantem Hemd schnell und vorzeigbar zum Hochzeitsanzug umfunktionieren.

10. Die Ringe:

Es gibt mittlerweile viele Kurse, in denen ihr eure Trauringe selber schmieden könnt. Informiert euch, welche teurer und welche günstiger sind. Trauringe in ländlichen Regionen sind erfahrungsgemäß auch erschwinglicher als in der Innenstadt. Überlegt, was es sein soll: Gold, Platin, Weißgold oder Silber?

11. Papeterie:

DIY ist auch hier klar die günstigste und natürlich auch die persönlichste Variante.

12. Make-up und Haare:

Wunderschöne Frisuren und Schminkstipps zum Selbermachen findet ihr hier in diesem Buch.

13. Die Hochzeitstorte:

Kann ganz schön teuer kommen und ist tatsächlich nicht jedermanns Sache. Eine gute Alternative ist ein schönes Dessertbuffet oder die beiden Hochzeitstorten-Varianten zum Selberbacken in diesem Buch.

14. Sponsoren:

Wer übernimmt außer euch auch noch anfallende Kosten? Wenn ihr wollt, besprecht diesen Punkt frühzeitig mit euren Eltern, damit ihr euch darauf einstellen und mit der Planung beginnen könnt.

Die aufgeführten Preisspannen sind Durchschnittspreise und können nach oben beziehungsweise unten variieren.

WAS?	Preisspanne p. P.
Trauringe (2 Stück)	300 – 3.000 €
Ausstattung Braut	600 – 3.000 €
Menü im Restaurant	30 – 80 €
Getränke im Restaurant	10 – 40 €
Catering	20 – 60 €
Getränke selber kaufen	5 – 10 €
Hochzeitsfotos (Profi-Fotograf)	100 – 3.000 €
Ausstattung Bräutigam	400 – 2.000 €
Blumenschmuck/Florist	100 – 800 €
Papeterie (ohne Porto)	1,50 - 4,50 €
Make-up & Styling	0 – 300 €

Kostenpunkte

Füllt diese Tabelle am besten aus, während ihr euch durch dieses Buch durcharbeitet. Dann könnt ihr abschätzen, in welchen Punkten ihr selbst kreativ werdet und bastelt, und bei welchen Punkten ihr lieber Profis ranlasst. Viel Spaß beim Kalkulieren.

KOSTENPUNKT	Günstigstes Angebot von/bis in Euro	Teuerstes Angebot von/bis in Euro	Das wollen wir zahlen
○ Accessoires für den Bräutigam:			
O Hemd			
O Krawatte/Fliege/Schleife			
O Einstecktuch			
O Plastron mit Schmucknadel			
O Kummerbund/Hut/Handschuhe/ Gürtel/Strümpfe/Schuhe			
○ Accessoires für die Braut:			
O Dessous			
O ~~Handschuh~~e/Schuhe/Handtasche			

KOSTENPUNKT	Günstigstes Angebot von/bis in Euro	Teuerstes Angebot von/bis in Euro	Das wollen wir zahlen
O Schleier/Hut/Diadem/Fascinator			
O Bolero oder Tuch			
O Eheringe inkl. Gravur			
O Brautkleid			
O Brautkleidung für das Standesamt			
O Brautstrauß			
o Blumenarmbändchen f. Trauzeuginnen			
O Ansteckstäußchen für die Trauzeugen			
O Anwalts-/Notargebühren für den Ehevertrag			
O Anzug für das Standesamt			
O Blumenschmuck für das Auto/die Kutsche			
O Blumenschmuck für die Kirche			
O Blumenkränze für Brautjungfern, Blumenkinder			
O Buffet	70€	109€	
O Dankeskarten inkl. Porto			
O Einladungskarten inkl. Porto			
O Feier im Freien: Miete (z. B. Zelt)			
O Feier im Restaurant/Hotel/Schloss/Burg:			
O Mietpreis			
O Pro-Kopf-Betrag Menü/Buffet			
O Pro-Kopf-Betrag Getränke			
O Feier in Räumen ohne Bewirtschaftung:			
O Miete			
O Weitere Einzelkosten:			
O Essen zu Hause			
O Fotograf			
O Friseur			
O Gästebuch			
o Deko: Seifenblasen, Holzschild „Hochzeit N&N", Stempel m. Logo,			

KOSTENPUNKT	Günstigstes Angebot von/bis in Euro	Teuerstes Angebot von/bis in Euro	Das wollen wir zahlen
○ Hochzeitsanzug			
○ Hochzeitsreise			
○ Sektempfang mit Häppchen (ohne Häppch?)			
○ Gästetransport			
○ Gebühren für das Standesamt			
○ Getränke			
○ ~~Hochzeitsanzeige in der Tageszeitung~~			
○ Hochzeitskuchen<-torte			
○ Kirchliche Trauung			
○ ~~Kleider für Blumenkinder~~			
○ Kleidung für Brautführer			
○ Kleidung für Brautjungfern			
○ Make-up			
○ Livemusik/DJ/Playlist			
○ Menü			
○ Menükarten und Platzkarten			
○ ~~Miete für das Hochzeitsgefährt~~			
○ Organist/Chor/Solist/DJ Partyservice			
○ ~~Polterabend~~			
○ Programmhefte			
○ Dekoration (Kirche)			
○ Sträuße für Brautjungfern			
○ Körbchen für Blumenkinder			
○ Dekoration (Tische)			
○ Theologe, freier			
○ Übernachtung der Gäste			
○ After-Party-Package auf Zimmern: Wasser + Aspirin			

Unsere Traumhochzeit

Hochzeitsplanung macht Spaß und gerade deshalb solltet ihr euch viel Zeit nehmen und erst einmal in Ruhe herausfinden, was ihr euch eigentlich für eine Hochzeit vorstellt. Auch wenn alle immer sagen „Schnell reservieren, bevor es zu spät ist“, lasst euch nicht unter Druck setzen. Das schönste Schloss ist nutzlos, wenn es euch nicht gefällt. Deswegen erforscht eure Wünsche und Vorstellungen. Gibt es einen Ort, eine Idee, die vielleicht von klein auf schon da war und in euch schlummert: Plätze, Städte, Themen, die euch einfach viel bedeuten und etwas ganz Besonderes für euch sind? Vielleicht seht ihr ja eure Traumhochzeit schon vor eurem inneren Auge.

Schreibt es auf, vergleicht eure Wünsche. Gut sind auch Filme, meist romantische Komödien, die ihr mal gemeinsam gesehen habt, bei denen ihr dachtet: „So möchte ich auch heiraten.“ Oder noch besser: Hochzeitsszenen, die euch innerlich richtig berührt haben, etwas hervorgerufen haben, die Sehnsucht oder den Wunsch, genau das auch zu erleben. Das mag eine Zeremonie auf einem Schiff sein oder auch einfach eine gemütliche Gartenhochzeit. Oder einfach die Frage: Soll die Hochzeit drinnen oder draußen stattfinden? Dabei sind eure Gefühle und inneren Bilder der Wegweiser.

Überlegt euch auch, was euch dabei besonders wichtig ist. Eine große Feier, bei der alle aus der Familie dabei sein können, eine tolle Party, die Location, Romantik …

So stellen wir uns unsere Hochzeit vor:

WÜNSCHE DER BRAUT:

festliche Location
Party mit Musik
Papa bringt Braut an Altar
schönes Kleid

WÜNSCHE DES BRÄUTIGAMS:

DAS IST UNS BEIDEN BESONDERS WICHTIG:

Unser Hochzeitssetting

Um euch bei der Entscheidung nach dem richtigen Hochzeitkonzept ein wenig unter die Arme zu greifen, haben wir hier ein paar Inspirationen zusammengestellt. Schaut euch die Bilder an, oder noch besser: Versucht euch vorzustellen, ihr wärt genau in dieser Szenerie ... heißt eure Gäste willkommen, speist am Tisch und tanzt euren Eröffnungstanz ...

Die klassische Hochzeit

Dieses Hochzeitssetting ist ganz unabhängig von den Jahreszeiten. Denn wenn ihr in einem Hochzeitssaal feiert, kann es regnen, stürmen oder schneien ... Vor allem, wenn ihr eine großen Familien- und Freundeskreis habt, die man weder im Garten noch auf Mauritius unterbringen kann, werdet ihr euch nach etwas Größerem umschauen müssen. Festsäle bieten sich da gut an. Viele Hotels haben wunderschöne Säle, ebenso kulturelle Einrichtungen wie Theater, Schulen, Clubhäuser, Gemeinden, Autohallen, Forbildungs-Zentren et cetera. In einem gemieteten Festsaal dürft ihr dann auch ganz nach Lust und Laune eure DIY-Wunder vollbringen und diesen im wahrsten Sinne aufmöbeln. Mit schönen Stuhlhussen sieht auch der älteste Stuhl im Nu ganz elegant aus. Und auch die Decke eines Saals kann man wunderbar schmücken.

Wichtig ist, dass ihr abklärt, wie laut gefeiert werden darf und wie lange. In diesem Punkt sind Kompromisse nicht empfehlenswert, eine gute Party braucht eben richtig laute Musik.

Es war einmal …
Hochzeit wie im Märchen

Wenn ihr zwei Romantiker seid, die sich gesucht und gefunden haben, wäre eine romantisch-verwunschene Hochzeit eine schöne Option. Es gibt wunderschöne Orte, die so auch aus dem Märchen entsprungen sein könnten: imposante Schlossgärten, urige Scheunen, alte und verwucherte Gärten, idyllische Lauben, zwischen den Weinreben auf Weingütern, auf alten Höfen, sowohl Bauernhöfen wie Schlosshöfen.

Kennt ihr vielleicht einen solchen zauberhaften Ort? Erkundet eure Gegend und fragt Freunde und Bekannte. Vielleicht gibt es irgendwo einen schönen Hof am Waldrand, der wie geschaffen ist für eure Traumhochzeit.

Mögt ihr Pferde, dann lasst euch von einer Kutsche abholen. Oder lasst Tauben in die Luft steigen und Blumen auf euch herabregnen. Eurer Fantasie sind keine Grenzen gesetzt – wenn nicht jetzt, wann dann?

Lockere Gartenhochzeit

Dieser Hochzeitsstyle ist zu 100 Prozent DIY, super entspannt und leger. Mit der richtigen Deko und einem leckeren Essen kann eure Gartenhochzeit zum einzigartigen Sommernachtstraum werden. Klar, ihr solltet auf jeden Fall einplanen, dass euch Petrus an diesem Tag vielleicht nicht wohlgesonnen ist, und die Schlechtwetter-Variante miteinkalkulieren. Das Wichtigste ist, dass eure Gäste im Trockenen sitzen können, für den Fall, dass es zu regnen beginnt.

Habt ihr vielleicht einen Carport oder eine Scheune in der Nähe? Wenn ihr im Hochsommer heiratet, sollten zumindest die Temperaturen auch bei Regen auszuhalten sein. Vermerkt bereits auf der Einladung, dass ihr draußen feiern wollt, und weist die Gäste darauf hin, Jacken mitzunehmen. Organisiert warme Decken, Lichterketten und viele Kerzen.

Alternativ bietet sich ein Pavillon oder ein Sonnensegel an. Bestimmt besitzt jemand im Freundeskreis einen solchen Sonnen/Regenschutz. Und falls ihr in deren Kellern nicht fündig werdet, gibt es Abhilfe im Baumarkt. Oder informiert euch, wo der nächste Partyverleih ist. Kleine Partyzelte gibt es manchmal schon für weniger als 50 Euro pro Tag – und dann kann euch auch Petrus die Gartenparty nicht mehr vermiesen.

Traumhochzeit am Strand

Es gibt viele gute Gründe, im Ausland zu heiraten: Sonne, Palmen, Strand und Meer, absolute Zweisamkeit, kein Ärger wegen der Tischordnung, keine zankenden Familienmitglieder ... Ein großes Fest ist schließlich nicht jedermanns Sache und was gibt es Romantischeres, als zu zweit an einem einsamen weißen Sandstrand bei untergehender Sonne den Bund fürs Leben einzugehen? Einige Inseln eignen sich ganz besonders für eine Traumhochzeit und locken jedes Jahr Tausende von Hochzeitspaaren an weiße Sandstrände. Beliebte Traumziele sind: Mauritius und die Seychellen (auch auf den Malediven werden Hochzeitszeremonien angeboten, welche allerdings in Deutschland nicht anerkannt sind). Beide liegen im Indischen Ozean und sind traumhaft schön. Die Hotels bieten meist die Organisation mit an. Je nach Hochzeitspaket kann man dann munter up- und downgraden, die Leistungen lassen keine Wünsche offen: Make-up, Blumen, Fotoservice, Livemusik, Champagner ...

Viele Reisebüros (Detour, Tui premium, Thomas Cook) bieten mittlerweile auch Hochzeits- und Honeymoon-Kataloge an, in welchen die Hochzeitsreise mitsamt der Hochzeit und den jeweiligen Leistungen gebucht werden können. Wenn ihr euch also für eine dieser Trauminseln entscheiden solltet, habt ihr meist das Rundum-sorglos-Paket. Nur Kleid und Anzug sind mitzubringen, ansonsten könnt ihr euch zurücklehnen und die Sonne genießen.

Es empfiehlt sich tatsächlich, die Hochzeit und Flitterwochen über das Reisebüro zu buchen, denn diese haben besondere Rabatte für Honeymooner, die über das Internet nicht gegeben werden können. Bei solchen Hochzeitspaketen zahlt die Braut oft nur die Hälfte des Hotelpreises, oft sogar noch weniger.

Let the party begin – Heiraten in Las Vegas

Wenn ihr schnell, easy und gleichzeitig extravagant heiraten wollt, ist Las Vegas eine Überlegung wert. Alles, was ihr dafür braucht, ist die 60 Dollar teure Marriage Licence, die ihr (solange ihr auch beide unverheiratet seid und ihr gültige Ausweise vorzeigen könnt) ganz leicht bekommt. 75 Dollar müsst ihr dann noch zusätzlich in der Tasche haben, um auch den Eheschwur zu leisten! Kein Papierkram, keine langen Anmelde- und Wartezeiten und geringe Kosten für die Eheschließung.

Zusätzliches Geld solltet ihr für Hochzeitsfotos, Brautkleid und Anzug, Blumen und Champagner und natürlich für die Ringe einplanen.

Romantische Winterhochzeit

Für alle Weihnachtsliebhaber und Fans von romantischen märchenhaften Winterlandschaften ist dieses Setting vielleicht eine Überlegung wert. Da im Winter klassischerweise keine Hochzeitssaison ist, bieten viele Dienstleister auch günstigere Preise an und die Locations sind meist nicht ausgebucht. Und während man, und ganz besonders frau, im Sommer wochenlang dem Wetter entgegenbangt, kann euch das im Winter getrost egal sein. Schnee wäre natürlich schön, aber ein knisternder Kamin und die richtige Deko zaubern auch ohne Schnee eine wunderbare Winterlandschaft. Und im Winter wird's auch so richtig kuschelig. Wie wäre es mit einer romantischen Schlittenfahrt mit leckerem Glühaperol als Aperitif – definitiv mal etwas anderes. Eine Hochzeit im Winter ist herrlich romantisch, vor allem, wenn es danach zum Flittern in den Süden geht.

Let's party – eine große Hochzeitsparty

Ihr liebt es zu feiern, und einen draufzumachen? Dann macht das doch auch bei eurer Hochzeit und feiert einfach eine richtig coole Party mit DJ, Drinks und open end, lasst es so richtig krachen und zeigt euren Gästen, wie man ordentlich feiert.

Bei dieser Variante könntet ihr beispielsweise Standesamt beziehungsweise Kirche im Kreise der engsten Familie feiern und überlegen, ob ihr eure Freunde vor oder erst nach dem Essen einladet. Für den letzteren Fall würdet ihr eine Menge Geld sparen. Ein paar Häppchen empfehlen sich dennoch als Mitternachts-Snack für die Gäste, schließlich sollen diese ja bei Kräften bleiben.

Mietet euch einen Raum oder Saal, der der Größe eurer Gäste entspricht, eine Discokugel, einen coolen DJ, der so richtig Stimmung macht, und dann lasst die Korken knallen.

Unser Traumsetting

Wenn ihr euch für eines der vorgeschlagenen Settings entscheidet, hilft euch das bei der Auswahl des Monats und der Location und schränkt den enormen Kreis an Möglichkeiten schon einmal ein. Vielleicht wollt ihr auch was ganz anderes, eine Mottohochzeit à la Beethoven oder eine zünftige Trachtenhochzeit.

Wichtig ist, dass es zu euch passt und ihr euch in dem Setting wiederfindet. Wenn keines dabei war, geht kurz in euch, macht die Augen zu und stellt euch vor, ihr seid in der Garderobe, zieht Brautkleid beziehungsweise Anzug an und blickt dabei aus dem Fenster. Wo seid ihr? Wenn ihr Lust habt, klebt eine Karte oder ein Foto von eurem Traumsetting ein. Oder lasst eurer Kreativität freien Lauf und zeichnet, collagiert oder malt euer Traumsetting.

IHR TRAUMSETTING:

SEIN TRAUMSETTING:

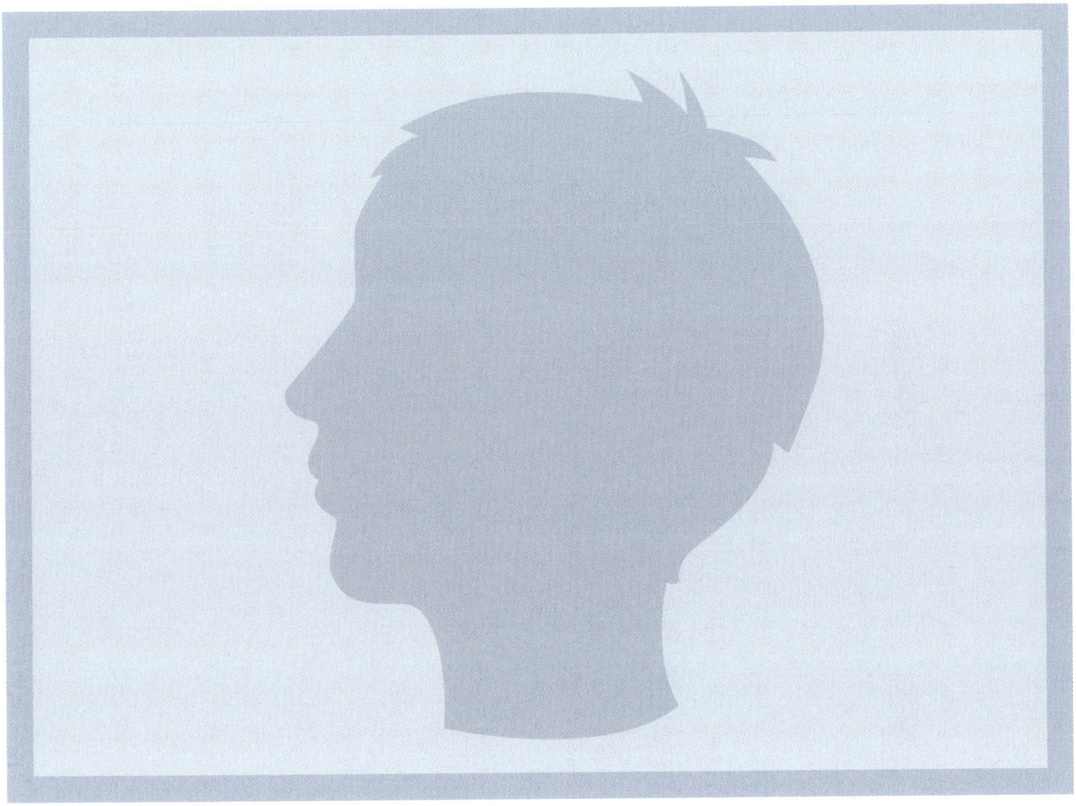

12–9 Monate vor der Hochzeit

- Wie wollen wir heiraten: Hochzeitssetting wählen (wie viele Gäste?, wo?, in welchem Stil?)
- Budgetplanung (wer übernimmt was und wie sind die Kosten verteilt?)
- Hochzeitsdatum festlegen (Save-the-date: Karten, E-Mail oder WhatsApp?)
- Dann gleich: Location, Pfarrer, Kirche und Standesamt reservieren
- Trauzeugen auswählen (könnt ihr dann auch gleich einspannen)
- Wer kann was übernehmen? Musiker, Fotograf, Catering

9–6 Monate vor der Hochzeit

- Gästeliste erstellen
- Hochzeitseinladungen basteln und verschicken
- Brautkleid und Anzug aussuchen und bestellen
- Unterlagen für die Anmeldung beim Standes- und eventuell Pfarramt vorbereiten und die Eheschließung bei den Ämtern anmelden

6–4 Monate vor der Hochzeit

- Trauringe aussuchen oder selber schmieden (altes Gold eintauschen?)
- Buffet oder Menü festlegen: Wer kann was dazu beisteuern?
- Flitterwochen buchen (Frühbucherrabatte nutzen!)
- Steht die Musik, habt ihr einen Fotografen?
- Unterhaltung für die Gäste bei Leerlauf am Nachmittag überlegen (Musik, Spiele, Zauberei)

4–1 Monat(e) vor der Hochzeit

- Ablaufplan für den Tag erstellen
- Letzte Details mit allen Dienstleistern und Freunden absprechen
- Hochzeitstorte? Und wer könnte sie backen?
- Tischplan festlegen
- Letzte Anprobe und Änderungen für das Hochzeitsoutfit

Die letzten Wochen und Tage vor der Hochzeit

- Letzte Absprachen mit dem Location-Manager, den Musikern und dem Fotografen
- Packen der Notfalltasche für den Hochzeitstag (Taschentücher, Nähzeug, Pflaster …)
- Den schönsten Tag genießen

Jetzt geht die Planung los!

Location und Papeterie

Wenn ihr wisst, wie euer perfektes Hochzeitssetting aussieht, solltet ihr als Erstes eine Location suchen und reservieren. Die Save-the-date-Karte macht auch erst dann Sinn, sonst schränkt ihr euch ein. Die beste Vorgehensweise ist die, eine oder auch mehrere Locations zu finden und nach freien Samstagen zu fragen. Reserviert dann die Location rechtzeitig und klärt schon mal das Wichtigste ab:

1. Wie viele Leute passen rein?
2. Können wir einen Caterer/eigenes Personal mitbringen?
3. Können wir Essen und Trinken selbst beisteuern?
4. Wie viel kostet das Menü/das Buffet pro Person?
5. Gibt es eine Getränkepauschale oder wird jedes Getränk einzeln abgerechnet?
6. Wie laut darf die Musik sein? Wie lange dürfen wir feiern?

Nehmt eure drei favorisierten Locations und macht eine Liste:

	PRO	KONTRA
Location 1		
Location 2		
Location 3		

Wenn ihr euch entschieden habt, könnt ihr eure kreativen DIY-Fähigkeiten gleich unter Beweis stellen und die Save-the-date-Karten basteln.

Save the date

Save-the-Date-Karten kostenlos ausdrucken

Wenn ihr es eilig habt und wenig Geld ausgeben wollt, könnt ihr bei folgenden Anbietern kostenlos Save-the-date-Einladungen designen und ausdrucken:

▶ **https://druckeselbst.de/kostenlose-vorlagen.html**

Hier könnt ihr online gestalten und dann direkt ausdrucken.

▶ **www.ausdrucken.eu/** ... einfach Text eingeben und drucken.

Save-the-Date-Karte selbst designen

VARIANTE 1:

Benötigtes Material:

- Handy oder Digitalkamera mit Selbstauslöser
- Tonkarton in DIN-A4-Format für die Karten (1 Bogen für 4 Karten)
- 1 Bogen rosa Tonkarton oder -papier für das Herz, den Pfeil ...
- Mehrere Bögen rosa Tonpapier für die kleinen Herzchen
- Schneidemaschine, Cutter oder Schere
- Klebestift
- Farblich passender Edding oder Textmarker

SO WIRD'S GEMACHT:

1. Schneidet den Tonkarton oder das Tonpapier in einer beliebigen Form zu (Herz, Pfeil, Ringe) und schreibt eine Botschaft darauf ...
2. Sucht euch ein helles Plätzchen in der Wohnung oder im Grünen, bringt euch in Stellung – und klick.
3. Lasst die Fotos im Format 9 x 13 Zentimeter entwickeln. Nehmt den Tonkarton und viertelt ihn. Ihr bekommt dann jeweils Kärtchen von 15 x 10 Zentimetern. Klebt dann das Foto mittig auf die Kärtchen und schreibt auf die Rückseite den Text.
4. Schneidet dann ganz nach Wunsch aus dem rosa Tonpapier Herzchen aus und klebt diese auf eine freie Fläche in eurer Karte und beschriftet sie mit einen Stift.

VARIANTE 2:

Macht einfach ein romantisches Bild von euch beiden, auf dem der Verlobungsring zu sehen ist. Ihr könnt das romantisch pimpen, indem ihr beispielsweise ein Herz aus Pappe (Seite 141) ausschneidet.

Einladungen selber gestalten

Da die Save-the-date-Karten relativ früh verschickt werden, braucht man in der Regel noch kein fertiges Farbkonzept. Bevor ihr allerdings die Einladungen verschickt, wäre es zumindest sinnvoll, schon zu wissen, welche Farben und welcher Style eure Hochzeit haben soll. Bei einer Gartenhochzeit passt eine Einladung in Grüntönen. Barock wäre hier wohl eher irreführend. Hier findet ihr einige Vorschläge für die unterschiedlichen Hochzeitskonzepte:

Très romantique

Benötigtes Material:

- Tonkarton in DIN-A4-Format in chamois, creme (ein Bogen pro Einladung)
- Pro Einladung ein kleines Foto von euch
- Back- oder Butterbrotpapier
- Ein Stück Tetra Pak, Moosgummi, beschichtete Pappe et cetera
- Bleistift
- Lackstift Gold/Silber
- Lineal
- Silhouettenschere, Papierschere

SO WIRD'S GEMACHT:

1. Legt den DIN-A4-Tonkarton im Querformat vor euch hin.
2. Nehmt ein Lineal und messt von der oberen Kante fünf Zentimeter ab, die ihr dann abschneidet.

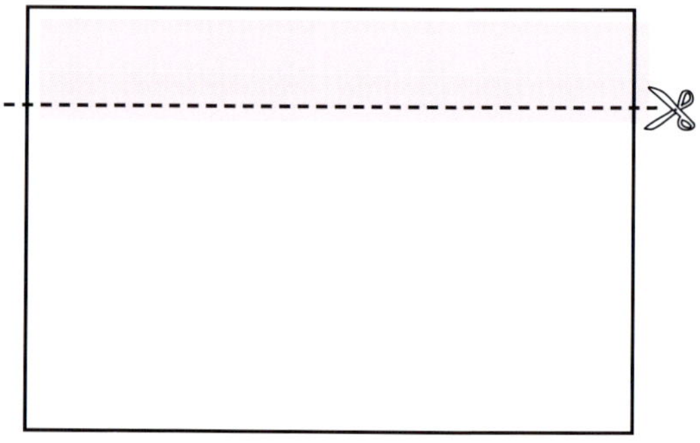

Wenn ihr keine Lust habt, alles selbst zu schreiben, könnt ihr euren Text in einer schönen Schrift auch auf dem Computer tippen und ausdrucken, dann am besten direkt auf die Karten, bevor ihr sie schneidet.

3. Faltet dann das Papier in der Mitte, benutzt bei Fotokarton ein Falzbein oder ein Lineal, um eine schöne Faltlinie zu erhalten.
4. Paust das Herz (Seite 141) mithilfe von Butterbrotpapier oder Backpapier ab.
5. Schneidet das Herz aus und fixiert es auf einem wasserabweisenden, stabilen Material (Tetra Pak, stärkere Folie, beschichtete Pappe oder Moosgummi).
6. Positioniert und übertragt das Herz mittig mit Bleistift auf die Karte und schneidet die Herzen (möglichst ohne die Herzform zu zerschneiden) mit einer Silhouettenschere aus.

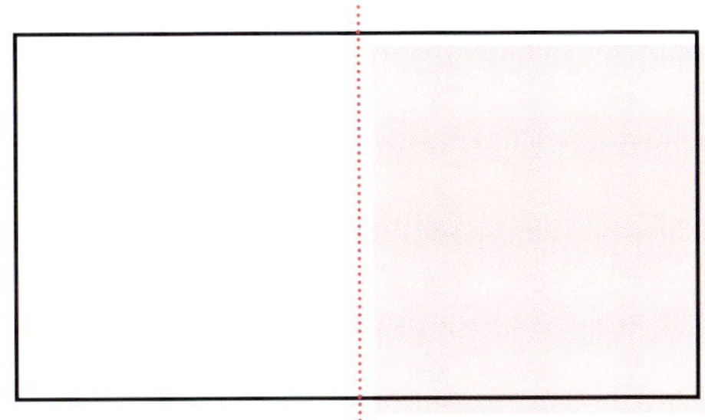

Tipp: Behaltet die ausgeschnittenen Herzchen. Damit könnt ihr später eine zuckersüße und absolut einfache Herzchengirlande basteln (siehe Seite 68).

7. Nehmt dann euer Foto und klebt es von innen auf die Vorderseite, sodass ihr wie aus einem Fenster aus der Karte schaut.
8. Beschriftet dann die Karte auf der rechten Innenseite. Gold- und Silberstifte haben dabei einen tollen Effekt.

In the summertime, when the weather is high …
Einladung für unsere Gartenhochzeit

Zur lockeren Gartenhochzeit im Sommer passt idealerweise auch eine legere Einladung, die Lust auf Sommer und Leichtigkeit macht. Da gibt es viele Motive, die Lust auf Sommer und Garten machen. Ihr könnt eurer Fantasie also freien Lauf lassen. Hier ist eine Bastelidee:

Eis am Stil

Benötigtes Material:

- Holzstiele für Eis (100 Stück schon ab 4,99 Euro)
- Mehrere Bögen Tonkarton in DIN-A4-Format in mindestens drei Sommerfarben
- Weißes Papier (80 Gramm)
- Back- oder Butterbrotpapier
- Ein Stück Tetra Pak, Moosgummi, beschichtete Pappe et cetera
- Bleistift
- Schere
- Klebestift
- Filzstift
- Lineal
- Schere

SO WIRD'S GEMACHT:

1. Paust die Form des Eises (Seite 141) mithilfe von Backpapier ab und erstellt euch eine Schablone. Die Farbe des Tonkartons ist die Grundfarbe des Eises.
2. Übertragt die Eisform zweimal (Vorder- und Rückseite) auf den Tonkarton, sodass zwei Seiten exakt aneinandertreffen. Faltet nun euer Eis mittig, sodass Vorder- und Rückseite

entstehen. Schneidet dann Tonkartonstreifen in anderen Farben und Breiten aus und klebt sie auf die Vorderseite eures Eises.

3. Aus dem weißen Druckerpapier schneidet ihr ebenfalls Vorder- und Rückseite des Eises aus. Schreibt jetzt auf die rechte Seite euren Text.
4. Klebt nun eure Einladung zusammen, indem ihr den Stiel zwischen Tonkarton und weißem Papier klebt.

Einladung für eure Party-Hochzeit

Wenn eure Hochzeit einfach eine fette Party werden soll, könnt ihr das bei der Einladung schon mal andeuten. Sucht ein hübsches Bild von euch zwei beim Feiern heraus und klebt dieses in eine Klappkarte. (Save-the-date-Karte selbst designen)

Message in a bottle

Wie wäre es mit einem maritimen Konzept für eure Hochzeit? Vielleicht heiratet ihr ja in Wassernähe und liebt das Meer. Um euren Gästen schon einen kleinen Vorgeschmack zu geben, auf das, was sie erwartet, könnt ihr die Einladung als kleine Flaschenpost gestalten:

Benötigtes Material:

- Reagenzgläser mit Korkverschluss (100 Stück ab 19,99 Euro)
- Satinband oder Textilkordel
- Papier und Stifte beziehungsweise Drucker
- Motivlocher „Herz“
- Schere
- Rotes Tonpapier

SO WIRD'S GEMACHT:

1. Erstellt eure Einladung, am leichtesten natürlich mit dem Computer.
2. Druckt sie aus und rollt sie ein. Verbindet die Botschaft mit dem Band oder der Kordel.
3. Schneidet kleine Herzchen aus oder benutzt einen Motivlocher mit Herzform und platziert Papierrolle mit Herzchen im Reagenzglas. Korkdeckel drauf und ab die Post.

Tischkarten

Tischkarten gibt es in vielen Variationen von ganz einfachen Kärtchen angefangen bis hin zu echten Kunstwerken. Beliebt ist mittlerweile die Variante, nur die Namen den Tischen zuzuordnen und den Gästen selbst zu überlassen, wie sie sich gerne setzen möchten. In jedem Fall können Tischkarten die ganze Deko schön abrunden und ein echter DIY-Hingucker sein.

Romantische Tischkarten

Diese Tischkarten sind leicht zu gestalten und wirken auf eurem romantischen Tisch besonders edel und dekorativ.

Benötigtes Material:

- Spitzenuntersetzer aus Papier (pro Gast einen Untersetzer)
- Tonkarton oder Kraftpapier DIN-A4 in creme, chamois (pro Seite 4 Tischkarten) und einige Bögen extra für schmale Papierstreifen
- Klebestift
- Rosa Satinband 50 Meter x 3 Millimeter (reicht für 100 Stück)
- Schreibstift Silber
- Schere oder Schneidemaschine
- 100 Strasssteinchen gegebenenfalls selbstklebend

SO WIRD'S GEMACHT:

1. Faltet den Tonkarton beziehungsweise das Kraftpapier längs in der Mitte Ecke auf Ecke und wiederholt den Faltschritt, sodass ein Kreuz entsteht.

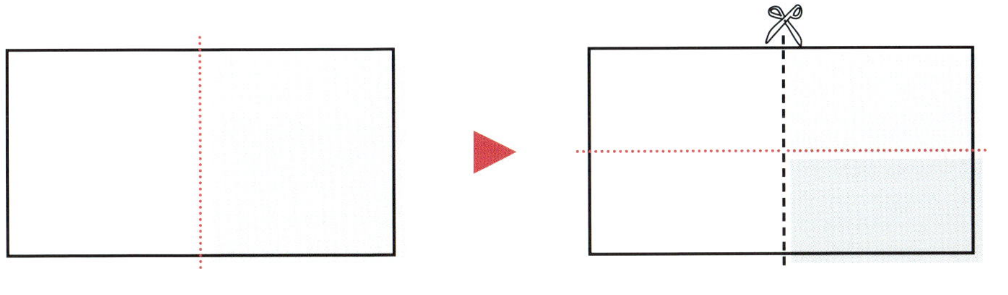

2. Schneidet nun die einzelnen Quadrate mit Schere oder Schneidemaschine aus, achtet dabei besonders auf glatte Linien und Kanten.

3. Faltet die Rechtecke wieder Ecke auf Ecke:

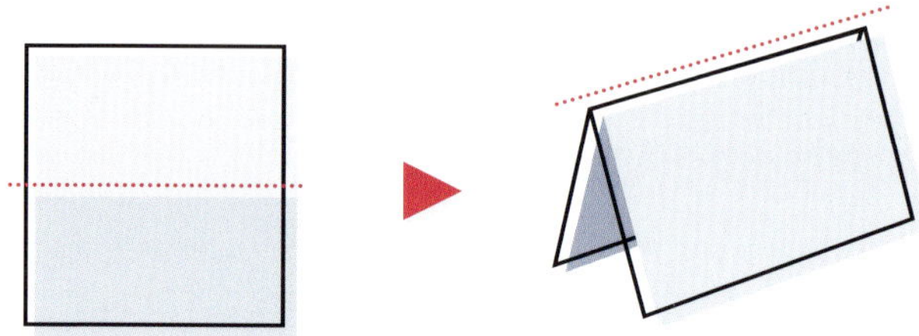

4. Nehmt dann pro Tischkärtchen einen Spitzenuntersetzer, faltet ihn in der Mitte und tragt auf einer Seite vorsichtig und sparsam Kleber auf. Klebt die Spitze dann so auf das Kärtchen, dass die Faltkante des Untersetzers genau an der Kante des Kärtchens ist.
5. Schneidet danach das Satinband zu. Pro Tischkärtchen 50 Zentimeter Band. Wickelt dann das Band von innen um das Kärtchen und macht eine Schleife. Befestigt die Schleife unterhalb mit einem Tropfen Kleber.
6. Klebt dann die Strasssteinchen auf die Schleife.
7. Aus dem restlichen Karton könnt ihr nun Streifen schneiden. 2 Zentimeter hoch und 4 Zentimeter breit. Klebt diese Streifen mittig auf die Vorderseite der Tischkärtchen.
8. Schreibt zuletzt auf die Streifen mit einem Silberstift die Namen eurer Gäste.

Eine weitere Tischkärtchen-Idee findet ihr auf Seite 60.

Kirchenhefte drucken und basteln

Das klassische Kirchenheft

Klassischerweise werden Kirchenhefte als DIN-A5-Broschüren gestaltet, das entspricht acht DIN-A5-Seiten, die dann zusammengefaltet werden. Beim Ausdrucken müsst ihr also darauf achten, dass ihr die Blätter richtig falten könnt. Folgende Seiten gilt es dann in dieser Reihenfolge gemeinsam und doppelseitig zu drucken:

Benötigtes Material:

- Pro Gast zwei Bögen Tonpapier DIN-A4 (chamois oder beliebige Farbe)
- Satinband 3 Millimeter Breite, pro Heft circa 60 Zentimeter
- Farbdrucker

SO WIRD'S GEMACHT:

1. 1. Seite Vorderseite (bei Druckeinstellungen 2 Seiten pro Blatt):
   1. Rückseite + 2. Deckblatt

2. Rückseite der 1. Seite (also auf der Rückseite bei einem doppelseitigen Druck):
   1. Innenseite (Einzug) + vorletzte Seite eures Kirchenheftes

3. 2. Seite Vorderseite: vorvorletzte Seite + 2. Seite vom Innenteil

4. 2. Seite Rückseite: 4. und 5. Seite, hier entspricht die Reihenfolge auch der tatsächlichen, weil diese beiden Seiten genau in der Mitte sind.

5. Druckt die Hefte aus und faltet sie. Dann schneidet die Satinbänder zu. Ihr könnt diese unten zusammenknoten oder ganz nach Geschmack eine Schleife binden.

Lesung

Die Liebe ist langmütig,
die Liebe ist gütig.
Sie ereifert sich nicht,
sie prahlt nicht,
sie bläht sich nicht auf.
Sie handelt nicht ungehörig,
sucht nicht ihren Vorteil,
lässt sich nicht zum Zorn reizen,
trägt das Böse nicht nach.
Sie freut sich nicht über das Unrecht,
sondern freut sich an der Wahrheit.
Sie erträgt alles,
glaubt alles,
hofft alles,
hält allem stand.
Die Liebe hört niemals auf.

(1 Korintherbrief 13,4–a)

***

Zwischengesang
Halleluja

***

Evangelium & Predigt

Trauung
Bergwerk
Oh happy day

Fürbitten

Gabenbereitung
Nimm, Oh Herr, die Gaben

Sanctus
Du bist heilig

Das etwas andere Kirchenheft

Wenn ihr Lust habt, ein ganz besonderes und individuelles Kirchenheft zu gestalten, gibt es hier eine DIY-Variante, die ihr so wahrscheinlich auf noch keiner Hochzeit gesehen haben dürftet.

Benötigtes Material:

- Musterbeutelklammern Herz oder farbig, eine pro Gast
- Kreativpapier mit Mustern eurer Wahl oder Designkarton (eine DIN-A4-Seite ergibt zwei Kirchenhefte), das allerdings im Querformat auch gut aussehen sollte
- Farbdrucker
- Schneidemaschine oder Schere

SO WIRD'S GEMACHT:

1. Das Kreativpapier so halbieren, dass aus einer Seite zwei DIN-A5-Seiten werden.
2. Den Inhalt des Heftes so ausdrucken, dass je zwei Seiten pro Druck gedruckt werden.
3. Mit der Schneidemaschine oder Schere die Seiten in der Mitte durchschneiden, sodass aus einer Seite zwei DIN-A5-Seiten werden.
4. Die ausgedruckten Blätter stapelweise genau aufeinanderlegen. Dann mit einem Lineal auf jeder Seite eine Linie von 0,5 Zentimeter zeichnen und diesen halben Zentimeter dann auf jeder Seite wegschneiden. Wenn ihr die Blätter genau übereinandergelegt habt, könnt ihr gleich mehrere auf einmal schneiden.
5. Legt nun die Blätter so aufeinander, dass das Kreativpapier unten liegt und je ein Kirchenheft chronologisch darauf, befestigt das ganze mit einer Büroklammer und locht es im oberen Bereich.
6. Steckt dann je eine Musterbeutelklammer durch das Loch und schließt sie hinten.

Kirchliche
TRAUUNG
Kathrin & Anton
20. August 2016
St. Valentin, Holzhausen

Unsere Tischordnung

Auf der Tafel

Benötigtes Material:

- Zwei große Spanplatten
- Schleifpapier oder Schleifmaschine
- Tafellack oder Tafelfarbe
- Schaumstoffrolle
- Weiße Filzstifte auf Kreidebasis oder Flüssigkreide

SO WIRD'S GEMACHT:

1. Schneidet als Erstes die Spanplatten in der gewünschten Größe zu oder lasst diese im Baumarkt zuschneiden.
2. Schleift die Platten grob ab und lackiert die geschliffenen Platten mit Tafellack. Benutzt dazu eine Schaumstoffrolle, um gleichmäßige Ergebnisse zu erzielen.
3. Es empfiehlt sich, die Platten ein zweites Mal zu lackieren, wenn die Farbe optimal decken und die Kreide später gut abwaschbar sein soll. Lasst sie trocknen (je nach Anleitung) und schreibt dann die gewünschte Sitzordnung mit einem dicken weißen Filzstift auf Kreidebasis auf die Tafeln.

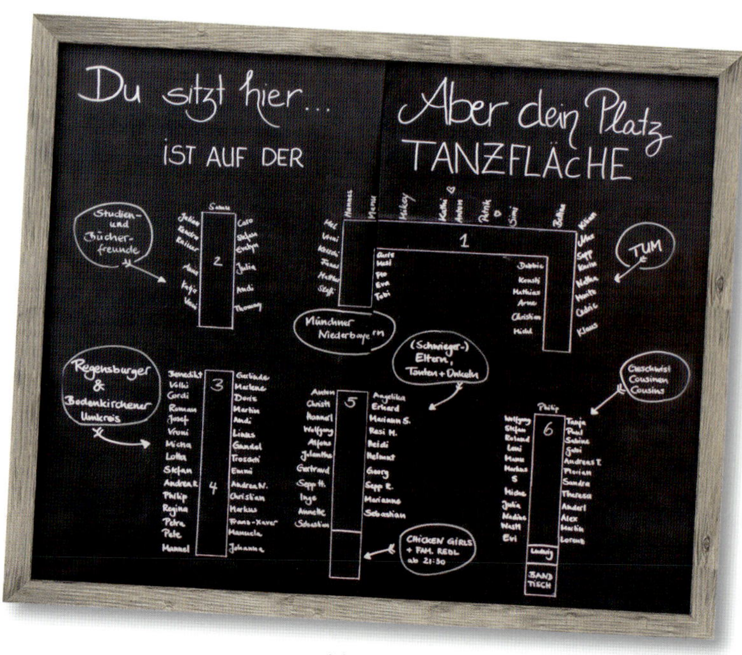

Take-away

Wenn ihr Tische habt, die mit einer gleichen Personenanzahl bestückt sind, könnt ihr einfach die Namen der Personen, die zusammensitzen, ausdrucken und auf eine Tafel oder eine Staffelei hängen. Ganz nach dem Prinzip „First-come, first-serve", können die Gäste dann ihren Tisch mit Anhang wählen. Dabei solltet ihr darauf achten, dass der Brauttisch entsprechend gekennzeichnet ist.

Benötigtes Material:

- Eine Platte aus Holz, eine Tafel oder eine Staffelei mit einem weißen Bild
- PowerPoint-Präsentation oder gemasertes Kreativpapier und Stifte.
- Schnüre (Kordelband, Küchenschnur et cetera)
- Wäscheklammern aus Holz (kleine, wenn möglich)

SO WIRD'S GEMACHT:

1. Sucht euch auf PowerPoint ein Foliendesign aus und beschriftet dann die einzelnen Folien mit den Namen eurer Gäste. Unter „Alle Designs" könnt ihr eines suchen, das am besten zu eurem Konzept passt. Druckt diese dann farbig aus. Ihr könnt die Seiten auch mit Stiften beschriften, dann vorzugsweise auf einem schön gemaserten Kreativpapier.
2. Spannt Schnüre um die Platte und befestigt diese so, dass sie nicht rutschen können.
3. Hängt dann mit den Wäscheklammern die Gästeseiten auf.

BRIDE

GROOM

Der Brauttisch

Euer Tisch ist natürlich etwas ganz Besonderes, und das sollte auch äußerlich erkennbar sein. Es gibt dazu coole DIY-Varianten, um die wichtigsten Personen auch zu Tisch noch mal richtig hervorzuheben.

Benötigtes Material:

- Tüll in deinen Hochzeitsfarben, 2 x 1,50 Meter
- Schleifenband breit, circa 3 Zentimeter
- Satinband in Rosa circa 2 Meter x 3 Millimeter (reicht für 100 Stück)
- Tonkarton in Farben deiner Wahl
- Drucker oder Edding
- Locher
- Schere

SO WIRD'S GEMACHT:

1. Schreibt am Computer die jeweiligen Buchstaben in der Schriftgröße 200 und druckt diese auf buntem Tonpapier aus.
2. Paust die Schablone (Seite 141) ab und übertragt sie auf die Buchstaben. Schneidet alle Buchstaben aus und macht an den oberen Rändern zwei Löcher.
3. Fädelt dann das Schleifenband (pro Stuhl braucht ihr 1,50 Meter) durch die Buchstaben.
4. Bespannt die Stühle erst mit Tüll und macht dann hinten die Schleife, die ihr mit dem Schleifenband verziert.
5. Zieht danach die beiden Girlanden so über die Stühle, dass sie oberhalb der Schleife angebracht sind.

Menükarten – schöne Hingucker

Selbst gestaltete Menükarten sind nicht nur ein schönes Deko-Element auf eurer Hochzeitstafel, sie helfen euren Gästen bei der Wahl von Menü und Getränken und bieten zusätzlich immer Gesprächsstoff für den Tisch. Anders als beim Tischkärtchen braucht ihr nicht für jeden Einzelnen eine Menükarte zu basteln, hier reicht es, wenn beispielsweise an einem Achtertisch zwei Menükarten zu finden sind.

Benötigtes Material:

- Zwei große Spanplatten
- Schleifpapier oder Schleifmaschine
- Tafellack oder Tafelfarbe
- Schaumstoffrolle
- Weiße Filzstifte, aber auf Kreidebasis oder Flüssigkreide
- Pro Menükarte zwei Weinkorken oder eingesägte Holzklötzchen aus dem Baumarkt

SO WIRD'S GEMACHT:

1. Schneidet als Erstes die Spanplatten zu oder lasst diese in der gewünschten Größe im Baumarkt zuschneiden (circa 20 x 10 Zentimeter).
2. Schleift die Platten grob ab und lackiert die geschliffenen Platten mit dem Tafellack gleichmäßig mit der Schaumstoffrolle.
3. Je nach Geschmack empfiehlt es sich, die Platten ein zweites Mal zu lackieren, wenn die Farbe optimal decken und die Kreide später gut abwaschbar sein soll.
4. Lasst die Platten trocknen (je nach Anleitung) und schreibt dann das Menü mit einem weißen Filzstift auf Kreidebasis auf die Tafeln.
5. Für einen sicheren Stand der Menükarte die Weinkorken einfach mit einem scharfen Teppichmesser an einer Seite begradigen und auf der anderen Seite einen Schlitz einschneiden, fertig sind die selbst gemachten Kork-Menükarten-Halter. Ungefährlicher ist es, einfach drei Korken vertikal mit einer Schleife zusammenzubinden. Das ist schick und farblich anpassbar. Ist euch die erste Variante jedoch zu gefährlich oder könnt ihr einfach gar nicht so viele Weinflaschen leeren, wie ihr benötigt, dann gibt es diese Kork-Kreationen auch im Handel fertig zu kaufen oder ihr lasst euch pro Gast zwei Holzklötzchen zusägen.

Menü
fruchtige Tomatensuppe
Rucola und Babysalat
mit Feigen und Ziegenkäse
in Granatapfeldressing
oder
oder
Guten Appetit

Programm und Entertainment – das A und O einer gelungenen Party

Das nahezu Schlimmste, was auf einer Hochzeit passieren kann, ist aufkommende Langeweile. Die schönste Deko, das beste Wetter und der leckerste Prosecco können nichts ausrichten gegen Gäste, die sich langweilen und vor sich hingähnen.

Bei der ganzen Vorbereitung solltet ihr die Frage „Wie unterhalten wir unser Gäste während des Festes?" immer im Hinterkopf haben. Bei euch Brautleuten wird sicherlich niemals Langeweile aufkommen, denn all eure Lieben werden da sein. Aber eure Gäste werden lange Durststrecken, in denen nichts passiert, nicht unbedingt gutheißen. Klar, man kann immer zu tief ins Glas schauen. Die Frage ist nur: Will man das? Betrunkene Gäste schon am späten Nachmittag?

Deswegen macht euch im Vorhinein einen Zeitplan, bei dem ihr das Programm abwechslungsreich plant. Verteilt also die Programmpunkte, bei denen die Gäste einfach nur entertaint werden, über den ganzen Tag hinweg. Versucht, Highlights einzuplanen, welche die Gäste überraschen und von ihrem Platz wegbringen. Bedenkt dabei: Je länger die Party, desto mehr Programm braucht es. Wenn ihr erst abends feiert, reicht im Grunde schon: Essen, Trinken, Tanzen. Beginnt die Hochzeit um 13 Uhr, sollte es schon mehr sein als nur Sektempfang und Abendessen. Da ist eure Kreativität gefragt:

1. Wer könnte eine gute Rede halte? Der Bräutigam, der Brautvater, der Trauzeuge, ein Freund?
2. Gibt es tolle Musiker im Familien- und Freundeskreis, die nachmittags eine Einlage machen könnten? Und dann abends auch noch mal?
3. Mögt ihr Spiele? Dann bittet doch die Trauzeugen ein oder zwei Spiele vorzubereiten, welche die Gäste mit einbringen und unterhalten.
4. Macht eine Candybar, die ihr feierlich eröffnet oder schneidet die Torte an.

Auch wenn Überraschungen etwas Schönes sind, so schätzen doch die meisten, wenn sie wissen, wie der Tag verläuft und wann was passiert. Eure Gäste werden dankbar sein, wenn ihr Ihnen das Programm mitteilt. Ihr könnt das bereits in der Einladung tun oder auch erst am Hochzeitstag. Und auch hier sind eurer Fantasie keine Grenzen gesetzt:

Programmtafel

Besorgt euch eine Kreidetafel oder Tafelfolie, in Spielwarenhäusern könnt ihr diese günstig erwerben. Kauft gleich Kreide dazu und übt ein bisschen Schönschrift. Mit den unten abgebildeten Symbolen sieht das Programm hübscher und übersichtlicher aus. Wenn ihr beide keine Zeichenfähigkeiten habt, fragt jemanden im Freundeskreis. Dann schreibt das Programm auf eure Tafel und platziert diese so, dass alle Gäste die Tafel sehen können. Ein hübscher Hingucker, der Bewegung in die Party bringt.

Benötigtes Material:

- Zwei große Spanplatten
- Schleifpapier oder Schleifmaschine
- Tafellack oder Tafelfarbe
- Schaumstoffrolle
- Weiße Filzstifte auf Kreidebasis oder Flüssigkreide

SO WIRD'S GEMACHT:

1. Schneidet als Erstes die Spanplatten zu oder lasst diese in der gewünschten Größe im Baumarkt zuschneiden.
2. Schleift die Platten grob ab und lackiert die geschliffenen Platten mit dem Tafellack gleichmäßig mit der Schaumstoffrolle.
3. Je nach Geschmack empfiehlt es sich, die Platten ein zweites Mal zu lackieren, wenn die Farbe optimal decken und die Kreide später gut abwaschbar sein soll.
4. Lasst sie trocknen (je nach Anleitung) und schreibt dann euer Programm mit Flüssigkreide auf die Tafel.

Die Tischdekoration

Wenn es etwas gibt, das neben der Braut alle Blicke auf sich zieht, ist es die Tischdeko. Da werden eure Gäste eine relativ lange Zeit verweilen und können das Kunstwerk in vollen Zügen genießen. Die Hochzeitsdekoration spiegelt gekonnt das Motto eurer Traumhochzeit wider. Bei der Deko könnt ihr eurer Hochzeit äußerlich genau die Note verleihen, die ihr euch vorstellt. Dafür hilft es im Vorhinein zu überlegen, welche das ist. In erster Linie sollte die Deko natürlich zu eurem Hochzeitskonzept passen. Eine maritime Muscheldeko in einem romantischen Schloss wäre fehl am Platz. Ähnlich wie die entspannte Beachdeko in einem feierlichen Saal. Überlegt euch also:

1. Wo feiern wir und welche Deko gibt es dort vielleicht bereits? (Restaurants haben in der Regel weiße Tischdecken und Stuhlhussen, oft auch Kerzen ...)
2. Passen unsere Vorstellungen zur Location? Können wir Tische und Saaldecken nach unserem Geschmack dekorieren?
3. Gibt es Vorgaben?
4. Passen die Möbel zu unseren Vorstellungen?

Wenn ihr diese Punkte mit der Location und vor allem untereinander geklärt habt, könnt ihr euch ein Deko-Konzept überlegen.

Flower Power

Gibt es etwas Romantischeres als Blumen? Blumen sind wunderschön und einfach der Deko-Klassiker. Besonders romantisch sind zarte Pastelltöne, die gerade in Kombination mit Weiß einfach zauberhaft wirken. Blumendeko könnt ihr gut selbst machen beziehungsweise planen. Die Blumen bekommt ihr am günstigsten im Großmarkt. Am Allerwichtigsten ist natürlich, dass die Blumen frisch sind. Deswegen empfiehlt es sich, die Blumen am Tag vor der Hochzeit zu kaufen und dann alles vorzubreiten. Auch bei Discountern bekommt man in der Regel die gängigsten Schnittblumen wie Rosen und Tulpen, die sind vergleichsweise günstig und können hübsch arrangiert auch toll aussehen.

Rosen sind vergleichsweise teuer, sehen aber genauso edel aus in Kombination mit anderen Blumen wie zum Beispiel Hortensien.

Benötigtes Material:

- Glasvasen oder leere Marmeladengläser
- Bei Achtertischen zwei Vasen
- Fünf (oder mehr) Blumen pro Vase
- Bindebast

SO WIRD'S GEMACHT:

1. Kauft am Tag vor der Hochzeit frische Blumen. Bewahrt sie kühl, dunkel und im Wasser auf.
2. Nehmt pro Vase fünf oder sieben Blumen und drapiert eventuell noch anderen Blumen dazwischen und drumherum.
3. Bindet dann die einzelnen Sträuße mit Bindebast fest und lagert sie in Wasser, kühl und dunkel.
4. Füllt am Tag der Hochzeit die Vasen mit frischem Wasser und verteilt sie auf den Tischen.

Blumen in kleinen Gläschen

Leger und nicht zu aufdringlich ist diese Blumenkomposition. Diese Blumendeko könnt ihr bei jedem Hochzeitssetting einsetzen.

Benötigtes Material:

- Leere Marmeladengläser oder Einmachgläser
- Hortensien, Schnittblumen et cetera (einfach viele bunte Blumen)
- Juteschnur

SO WIRD'S GEMACHT:

1. Nehmt verschieden große ausgewaschene Gläser und befüllt sie zu zwei Dritteln mit Wasser.
2. Verteilt die Gläser auf den Tischen beziehungsweise Tafeln und befüllt sie mit jeweils nur einer Blume. Achtet dabei darauf, dass die Reihenfolge variiert und auf den jeweiligen Tischen viele unterschiedliche Blumen zu bestaunen sind.

Tipp: Wenn ihr noch kleine weiße Kerzen (nur keine Teelichter) dazustellt, sieht es besonders elegant aus.

Darf's auch ein bisschen mehr sein?

In dieser Variante sind Edelrosen mit Pfingstrosen und Hortensien zu einem Traum in Pastell zusammengebunden. Stoffservietten in creme runden das Farbkonzept harmonisch ab.

Kerzenservietten

Es gibt ganze Bücher zum Thema „Serviettenfalten" – deshalb soll es hier in diesem DIY-Buch eine klassische Variante sein, die sich gut für Hochzeiten eignet. Das hat folgenden Grund: Dieses Faltmodell ist besonders platzsparend. Denn nicht selten sammelt sich auf den Tischen so manches an: Teller, Besteck, Blumen, Tisch- und Platzkarten sowie Menü- und Getränkekarten.

Benötigtes Material für 100 Serviettenringe:

- Pro Gast eine Stoffserviette

SO WIRD'S GEMACHT:

1. Zuerst die Stoffserviette als Raute auf den Tisch legen. Diese zum Dreieck falten. Das heißt: Die untere Spitze auf die obere legen.
2. An der langen Seite des Dreiecks einen Rand einklappen. Dieser sollte etwa drei Finger breit sein.
3. Die eingeklappte Seite nach unten legen und anschließend das Dreieck um 90 Grad drehen.
4. Das Dreieck von unten nach oben einrollen. Dabei die Serviette auf Spannung halten.
5. Das Endstück wie ein Dreieck nach hinten einschlagen. Die Spitze muss nach unten zeigen. Diese zum Schluss in die Serviettenrolle stecken.

Rosetten-Tischkärtchen

Diese Tischkärtchen sind locker und sehen nach Sommer aus. Je nach Deko könnt ihr sie einfarbig oder auch kunterbunt gestalten.

Benötigtes Material:

- Buntes Tonpapier
- Tonpapier weiß, creme oder chamois
- Schere (eventuell Schneidemaschine)
- Lineal oder Falzbein
- Fotoklebepads oder doppelseitiges Klebeband
- Stanzer Kreis mit Wellenmuster
- Weiche Unterlage (Kork, Umzugskarton, Moosgummi)
- Lackstift

SO WIRD'S GEMACHT:

1. Schneidet das Tonpapier auf 10 x 20 Zentimeter zu.
2. Faltet das Papier von der kurzen Seite ausgehend zur Ziehharmonika mit gleichbleibendem Abstand.
3. Faltet die fertige Ziehharmonika einmal in der Mitte und helft vorsichtig mit dem Lineal oder einem Falzbein nach.
4. Klebt die oberen beiden Enden mit Fotoklebepads oder doppelseitigem Klebeband zusammen. Wiederholt diesen Schritt am unteren Ende. Fixiert die Enden notfalls mit einer Büroklammer, bis der Kleber getrocknet ist.
5. Legt dann das helle Tonpapier auf eine weiche Unterlage und stanzt die Kreise aus. Alternativ könnt ihr auch Kreise von Joghurtbecher-Unterseiten als Schablone nehmen, hier fehlt dann nur das Wellenmuster.
6. Beschriftet dann die ausgestanzten Kreise mit den Namen eurer Gäste, benutzt hierfür den Lackstift.
7. Klebt dann die Unterseite des Kreises gleichmäßig auf die Rosetten und lagert die Tischkärtchen luftig bis zum Hochzeitstag.

Kathi
Anton

Romantische Deko für drinnen und draußen

Schon beim Sektempfang könnt ihr wunderbare Akzente setzen und euer romantisches Deko-Konzept einführen. Dieses hängende Rosenbouquet ist ein echter Hingucker, welches mit wenigen Materialien leicht anzufertigen ist.

Rosen im Glas

Benötigtes Material:

Leere Marmeladengläser oder Einmachgläser
Rosen, Hortensien
Fünf Blumen pro Vase
Schleierkraut
Bindebast
Juteschnur

SO WIRD'S GEMACHT:

1. Kauft am Tag vor der Hochzeit frische Blumen und ausreichend Schleierkraut. Bewahrt sie kühl, dunkel und im Wasser auf.
2. Nehmt pro Glas zwei bis drei Gerberas sowie eine Hortensie und drapiert das Schleierkraut dazwischen und drumherum.
3. Bindet dann die einzelnen Sträuße mit Bindebast fest und lagert sie in Wasser, kühl und dunkel.
4. Bindet am Rand der Gläser die Juteschnur mehrmals um das Glas und verknotet diese gut. Fädelt dann an zwei gegenüberliegenden Seiten erneut die Juteschnur durch und verknotet sie oben.
5. Füllt am Tag der Hochzeit die Gläser mit frischem Wasser und den Bouquets und hängt sie draußen auf.

Pompons, Luftballons und viel Bling-Bling

Seidenpapier-Pompons basteln

Benötigtes Material:

- Seidenpapier oder mehrlagige Servietten
- Blumendraht
- Drahtzange
- Schere

SO WIRD'S GEMACHT:

1. Legt sechs bis acht Lagen Seidenpapier oder mehrlagige Servietten übereinander (je mehr Lagen Papier ihr verwendet, desto üppiger wird der Pompon). Bei einem Maß von 25 x 35 Zentimetern erhaltet ihr einen Pompon mit einem Durchmesser von etwa 25 Zentimetern. Faltet dann das Papier von einer kurzen Außenkante her zu einer Ziehharmonika.
2. Schneidet danach den zusammengefalteten Pompon von beiden Seiten etwas ein, sodass die Kanten rund werden.
3. Etwas Blumendraht in der gewünschten Länge abschneiden und das Papier in der Mitte fest zusammenbinden. Dann die beiden Enden des Pompons in die gewünschte Form schneiden. Wenn ihr die Form abrundet, wird der Pompon blumenförmiger, wenn ihr sie spitz abschneidet, wird er ballförmiger.
4. Zum Schluss den Pompon einfach zurechtzupfen und in Form bringen. Wenn er unförmig aussieht, solltet ihr noch einmal vorsichtig nachschneiden. Bei den Serviettenlagen solltet ihr beim Auffächern besonders vorsichtig sein, wenn ihr die Lagen voneinander löst, da die Pompons aus Servietten nicht so stabil sind wie die aus Seidenpapier.

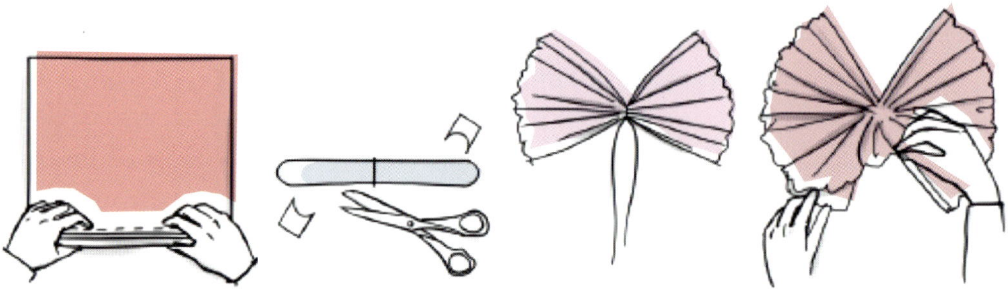

99 Luftballons …

Als wir klein waren, gab es wohl kaum einen Kindergeburtstag ohne bunte Luftballons. Die bunten aufblasbaren Ballons sehen nicht nur toll aus, sie machen auch gute Laune. Am schönsten sind sie mit Helium befüllt. Heliumkartuschen könnt ihr ausleihen. Meist gibt es in der Stadt einen Partyservice oder einen Luftballonverkauf, welcher die Kartuschen befüllt und verleiht.

Und wenn das Shooting vorbei ist, könnt ihr Eingänge oder Stehtische ganz hervorragend mit den Luftballons dekorieren. Die kann man drinnen wie draußen befestigen. Vor allem beim Fotoshooting wirken sie verspielt und märchenhaft.

Mehr Glamour für den Hochzeitssaal

Viele Säle sind in ihrem ursprünglichen Zustand nicht besonders glamourös, doch mit ein paar einfachen Tricks könnt ihr auch den tristesten Festsaal zum Strahlen bringen:

LICHTERKETTEN UM DIE SÄULEN

Lichterketten hat man meistens ohnehin daheim oder können von Freunden ausgeliehen werden. Damit das Ganze nicht zu bunt wird, empfehlen sich viele einfarbige Lichterketten, die man wunderbar um Säulen wickeln kann.

Lampions und Girlanden

Einen runden Lampion selber basteln: Ob im Garten oder in einem Saal, Lampions und Girlanden versetzen uns alle in Feierlaune und sehen dabei richtig schick aus. Sie sind superschnell herzustellen und können in jeder Größe und Farbe munter kombiniert werden.

Benötigtes Material:

- Transparentpapier
- Schere
- Kleber
- Perlongarn

SO WIRD'S GEMACHT:

1. Schneidet 19 Kreise mit einem Durchmesser von etwa 8 Zentimetern aus dem Transparentpapier aus. Für eine klassische Hochzeit bietet sich weißes Transparentpapier an, für die fröhliche Gartenparty darf es auch aus buntem Papier sein.
2. Faltet nun jeden Kreis drei Mal von Eckpunkt zu Eckpunkt nach außen. Die abstehenden Flügel bilden Klebeflächen. Klebt zwei Mal fünf Kreise an den Klebelaschen zusammen – daraus ergeben sich ein rundes Unter- und Oberteil. Die restlichen neun Kreise klebt ihr zu einem Streifen zusammen und verbindet so Ober- und Unterteil.
3. Schneidet das durchsichtige Perlongarn mithilfe eines Lineals auf etwa 25 Zentimeter zu, je nachdem wie weit der Lampion von der Decke hängen soll.

Große Rosetten zum Aufhängen

Diese Tischkärtchen sind locker und sehen nach Sommer aus. Je nach Deko könnt ihr sie einfarbig oder auch kunterbunt gestalten.

Benötigtes Material:

- Eine Rolle Geschenkpapier
- Schere und Lineal (eventuell Schneidemaschine)
- Fotopads oder doppelseitiges Klebeband
- Perlongarn

SO WIRD'S GEMACHT:

1. Schneidet das Geschenkpapier auf 15 x 30 Zentimeter zu und faltet es von der kurzen Seite aus ziehharmonikamäßig ein.
2. Faltet das Papier auf diese Weise vollständig zu einem schmalen Streifen und knickt den Papierstreifen einmal in der Mitte.
3. Klebt die beiden oberen Enden mit einer Heißklebepistole zusammen, aber legt das Perlongarn zum Aufhängen bereits vor dem Kleben zwischen die Seiten. Wiederholt diesen Schritt am unteren Ende. Fixiert die Enden notfalls mit einer Büroklammer, bis der Kleber getrocknet ist.

Tipp: Besorgt euch eine Packung durchsichtige Kabelbinder, damit könnt ihr eure Deko so anbringen, dass sie später ohne großen Aufwand wieder entfernt werden kann.

Herzchengirlande selber machen

Wenn ihr die Einladungskarten mit ausgeschnittenen Herzchen gebastelt habt, habt ihr noch ganz viele Herzchen übrig.

Benötigtes Material:

- Tonkarton oder besser: Kreativpapier DIN-A4
- Dicke Pappe oder fester Karton
- Schere
- Bleistift oder Ahle
- Weiche Unterlage (zum Beispiel Kork oder Filz)
- Geschenkschnur oder Textilkordel

SO WIRD'S GEMACHT:

1. Paust die Herzchenschablone (Seite 141) ab und übertragt sie auf ein Stück Pappe oder Karton.
2. Zeichnet mit der Schablone Herzchen auf euer Kreativpapier und schneidet die Herzchen dann aus.
3. Nehmt einen spitzen Gegenstand (Bleistift oder Ahle) und legt eine weiche Unterlage unter die Herzen (Kork oder Filz eignet sich besonder gut).
4. Stanzt jetzt je zwei Löcher (siehe Bild) in die Herzchen, sodass ihr eure Schnur gut hindurchfädeln könnt.
5. Fädelt dann die Herzchen auf die Schnur und achtet darauf, dass die Reihenfolge abwechslungsreich ist.

Tipp: Wie wäre es denn statt eines gewöhnlichen Gästebuchs, wenn jeder seine Glückwünsche auf die Herzchengirlande schreiben würde?

KATHi & DONE
MRS & M

Deko für die entspannte Gartenhochzeit

Wildblumen vom Feld

Eine Hochzeit im Garten ist wahrscheinlich die entspannteste Art, diese groß, luftig und leger zu feiern. Und entsprechend locker sollte auch die Deko sein. Wildblumen passen da ideal ins leichte und verspielte Konzept. Schickt doch einfach am Tag vor der Hochzeit ein paar Kinder auf Beutezug aufs Feld und zaubert damit eure Blumenkreationen. Auch Hortensien eignen sich gut, sie sind groß und können mit fast allen Blumen kombiniert werden.

Glühblumen

Alte Glühbirnen mit Schleierkraut: Wenn ihr im Garten Bäume oder einen Pavillon habt, könnt ihr diese tollen Hängebirnen super anbringen.

Benötigtes Material:

- 20 Glaskolben alter oder neuer Glühbirnen
- Klebeband rau, weiß
- Bindebast oder Juteschnur
- Perlongarn oder Textilkordel
- Schleierkraut

SO WIRD'S GEMACHT:

1. Besorgt euch ein paar alte Glühbirnen oder kauft diese günstig im Baumarkt. Dreht die Drähte vorsichtig und am besten mit Handschuhen heraus, sodass nur noch der Glaskolben übrig bleibt.
2. Klebt dann die scharfen Stellen ab, indem ihr mit einem rauen Klebeband den Hals des Kolbens so einwickelt, dass die Öffnung für Blumen frei bleibt.
3. Nehmt dann den Bindebast und wickelt ihn mehrmals und fest um den Hals.
4. Fädelt dann das Perlongarn oder eine schicke Textilkordel durch den umwickelten Bast und verknotet sie fest.
5. Am Hochzeitstag erst Wasser, dann Schleierkraut einfüllen und aufhängen.

Alternativ könnt ihr natürlich auch ausgewaschene Marmeladen-, Senf- und Babynahrungsgläser verwenden oder Rosen beziehungsweise Gerbera anstelle des Schleierkrauts nehmen.

Für laue Nächte - Kerzen im Glas

Kerzen bei Nacht zaubern eine Stimmung, die die Elektrizität nicht zu erzeugen vermag, knisternd-romantisch mit immer einem leichten Hauch Sehnsucht. Ob ihr im Garten feiert oder einfach einen Raum mit Terrasse habt, dieses wenig aufwendige DIY-Accessoire sollte nicht fehlen. Und da es wohl kaum jemanden gibt, der den ganzen Abend erloschene Kerzen wieder anzünden möchte, bietet sich ein Windschutz an. Klassisch sind Gläser: Ob große Weckgläser oder Marmeladengläser, sammelt einfach einmal alle großen Glasbehälter zusammen, die ihr auftreiben könnt.

Benötigtes Material:

- Gläser und Glasbehälter in allen Größen und Formen
- Kerzen (wenn ihr es klassisch einheitlich wollt, weiß)
- Stoffbänder, schmal
- Farblich passend dazu: breite Stoffbänder
- Wildblumen oder Reste von der Tischdeko

SO WIRD'S GEMACHT:

1. Die Gläser und Glasbehälter gut auswaschen.
2. Die schmalen Bänder zuschneiden und um die Öffnung des Gefäßes knoten. Dann die breiteren Bänder zuschneiden und im Knoten des schmalen Bandes eine Schleife machen.
3. Das Wasser erst am Hochzeitstag mit einer sauberen Gießkanne so hineinfüllen, dass zwei Drittel der Kerze nicht bedeckt werden.
4. Dann die Blumen darüberstreuen und die Kerzen vorsichtig hineinstellen und anzünden.

Tipp: Wenn euren Blumenschmuck selbst gebastelt habt, dann gibt es bestimmt ein paar Blumen und Blüten, die übrig geblieben sind, oder solche die abgefallen sind, diese ausrangierten Blüten eignen sich hervorrand hierfür.

Eine Sommerlounge aus Europaletten

Wenn ihr einen schönen Garten zum Feiern habt oder eine andere Location, die vielleicht nur über Bierbänke verfügt, könnt ihr mit wenig Geld und minimalen Heimwerker-Grundlagen eine schöne Lounge zaubern. Bei dieser DIY-Idee sind auch zur Abwechslung mal die Männer mit am Zuge.

Benötigtes Material:

- Drei Europaletten (pro Möbelstück)
- Schwingschleifer
- Schleifpapier mit je 80er- und 120er-Körnung
- Acht lange Holzschrauben (20 bis 25 Zentimeter)
- Holzlasur
- Pinsel
- Akkuschrauber
- Bohrmaschine
- Polster

SO WIRD'S GEMACHT:

1. Die rohe Palette vorbereiten. Für die Sitzmöbel können die Paletten in ihrer ursprünglichen Form ohne Zuschneiden weiterverarbeitet werden.
2. Zuerst wird das rohe Holz der Palette mit einem Schwingschleifer abgeschliffen, damit sich keiner an Splittern verletzt. Der erste Grobschliff erfolgt mit einer 80er-Körnung. Anschließend kann die Palette mit einer 120er-Körnung nachgeschliffen werden.
3. Wer es rustikal bevorzugt, lässt die Paletten entweder unbehandelt oder trägt noch etwas weißen Acryllack in einer beliebigen Farbe auf. Alternativ können auch Holzlasur oder Wandfarbe für den Anstrich verwendet werden. Mit Lasur oder Lack sollte nur in gut belüfteten Räumen gearbeitet werden – das ist nicht nur gesünder, sondern beschleunigt auch den Trocknungsprozess. Normalerweise dauert es ein bis zwei Tage, bis der Anstrich vollständig durchgetrocknet ist.
4. Die zweite Palette wird genau übereinander passend angeordnet. Zum Verschrauben werden an jeder Ecke vier lange Holzschrauben verwendet. Sie sind ausreichend lang, um zwei Paletten fest miteinander zu verbinden. Die Lehne wird passend von hinten angeschraubt, auch wieder mit vier Holzschrauben.
5. Damit der Akkuschrauber bei der Arbeit nicht überlastet wird, werden die Löcher für die Verschraubung mit einer Bohrmaschine vorgebohrt. Positiver Nebeneffekt ist, dass ein Reißen des Holzes beim Eindrehen der Schrauben vermieden wird.

Einfache Gartenlounge aus Strohballen

Falls ihr für die Sitzmöbel aus Europaletten nach der Hochzeit ohnehin keine Verwendung mehr habt und dennoch ganz einfach Sitzmöglichkeiten herstellen wollt, kauft euch quaderförmige Strohballen (vier Stück gibt es bereits ab 7 Euro) und legt einfach Leintücher oder Decken darüber.

Blink, blink, Wunderkerze

Ein cooler Partyeffekt, der die Stimmung zum Knistern bringt, ist die Wunderkerze. Kauft eine pro Gast und lasst sie eure Trauzeugen verteilen, vielleicht kurz vor einer Rede oder dem Eröffnungstanz. Ihr könnt dann Buchstaben oder Herzen in die Luft malen und habt so ein kleines Mini-Feuerwerk.

Ein Planschbecken

Wenn ihr das Glück habt, an einem besonders schönen und warmen Tag zu heiraten, solltet ihr, gerade wenn ihr draußen heiratet, genügend Schattenplätze einplanen. Euch und euren Gästen wird wahrscheinlich heiß werden. Für die Kids und vielleicht den einen oder anderen Fuß kann ein Planschbecken eine super Abkühlung verheißen. Und es sieht nebenbei auch noch richtig gut aus. Zusätzlich könnt ihr aufblasbare Badetiere im Becken schwimmen lassen. Die sorgen für das ganz besondere Beachfeeling.

Blumenschmuck für die Kirchenbänke

Es wäre zwar schön, wenn die Kirchen diesen Punkt für euch übernehmen würden. Doch in den meisten Kirchen müsst ihr euch selbst um die Dekoration der Kirche, sprich der Kirchenbänke und des Altars kümmern.

In jedem Fall bietet es sich an, den Kirchenschmuck doppelt zu verwenden und jemanden zu beauftragen, der ihn hinterher wieder abnimmt und mit zur Location befördert. Dort könnt ihr ihn auf den Tischen verteilen und habt gleich zwei Fliegen mit einer Klappe geschlagen. Für den Altar bietet es sich ebenfalls an, zwei Blumengestecke zu machen und später wieder mitzunehmen.

Je nach Gästezahl und Kirchengröße werden die Bänke unterschiedlich voll sein. Kalkuliert im Vorhinein einmal, wie viele Bänke im Schnitt besetzt sein werden. Denn eine leere Bank zu dekorieren lohnt sich nicht.

Benötigtes Material:

- Ausgespülte Marmeladen-, Senf- und Einmachgläser
- Draht
- Schleifenband
- Blumen
- Zange zum Entfernen und Festdrehen

SO WIRD'S GEMACHT:

1. Die Gläser und Glasbehälter gut auswaschen. Am Hochzeitstag mit Wasser zu circa einem Drittel befüllen und Blumen arrangieren. An der Öffnung mit Draht mehrfach so umwickeln, dass das Glas auch befüllt nicht durchrutschen kann. Die Drahtenden (mindestens 10 Zentimeter pro Drahtlänge, abhängig von der Kirchenbank) mehrmals mit der Zange verdrillen und dadurch an der Kirchenbank fixieren.
2. Mit Schleifenband kann dann der Draht versteckt werden.
3. Nach der Trauung können die Blumenbehälter mitgenommen werden und beim Stehempfang oder später beim Fest als Deko dienen.

Romantisch und zuckersüß – die Candy Bar

In letzter Zeit erfreut sich eine neue Zuckerinvasion auf Hochzeiten wachsender Beliebtheit. Sie trägt den Namen Candy Bar und soll das eingestaubte und mit Senioren-Stempel versehene Kaffee-und-Kuchen-Ritual am Nachmittag in einen zuckersüßen Pastelltraum verwandeln.

Die Candy Bar ist nicht nur ein echter Hingucker, sie bringt Bewegung in den Nachmittag, lässt Kinderherzen höherschlagen und führt uns zurück in eine Zeit, in der wir Gummischlangen, Lakritze und Zuckerstangen erst in Papiertüten und dann in unser Münder stopften und dabei rundum glücklich waren.

Die Schmetterlingsgirlande

Benötigtes Material:

- Fester Pappkarton
- Drei Bögen Tonkarton DIN A4 in Pastelltönen
- Baumwollfaden, weiß
- Schere
- Locher

SO WIRD'S GEMACHT:

1. Paust den Schmetterling (Seite 141) ab und übertragt ihn auf ein Stück Pappkarton. Schneidet ihn aus und legt die Schablone auf die Tonpapierbögen. Zeichnet so den Schmetterling auf jedem Bogen circa fünf mal ab.
2. Schneidet dann die Schmetterlinge aus und locht beide Flügel an den oberen Außenkanten.
3. Verbindet nun die Schmetterlinge mit einem Faden und fertig ist die Girlande. Damit die Schmetterlinge nicht rutschen, könnt ihr durch jedes Loch zweimal fädeln, dazu einfach noch mal von der gleichen Seite die Schnur durchführen und leicht anziehen.

Bart- und Lippenstäbchen

Benötigtes Material:

- 50 Rührstäbchen aus Holz (nur keine Holzstäbchen mit spitzen Enden)
- Drei Bögen Tonkarton DIN A4 in Pastelltönen
- Kleber oder Klebeband
- Fester Pappkarton
- Schere

SO WIRD'S GEMACHT:

1. Paust die Vorlagen auf den Pappkarton ab und übertragt die Schablone auf den Tonkarton.
2. Schneidet die Münder und Bärte aus und klebt sie mit der der Rückseite auf ein Stäbchenende.

Mascarpone-Cupcakes

Zutaten für zwölf Cupcakes:

- 125 g Butter, zimmerwarm
- 125 g Zucker
- 1 Pck. Vanillinzucker
- 1 Prise Salz
- 2 Eier
- 200 g Mehl,
- 2 TL Backpulver
- 4 EL Milch
- süße Muffinförmchen aus Papier

Für das Topping:

- 250 g Mascarpone
- 1 Pck. Vanillinzucker
- 50 g Zucker
- 1 Pck. Sahnesteif
- 1 Becher Sahne
- Deko-Streusel oder Herzchen
- Spritzbeutel

SO WIRD'S GEMACHT:

1. Backofen vorheizen auf 175 °C Ober-Unterhitze.
2. Butter, Zucker, Vanillinzucker und eine Prise Salz mit den Schneebesen des Handrührgeräts schaumig rühren. Eier nach und nach unterrühren. Mehl und Backpulver mischen und abwechselnd mit der Milch dazugeben, bis ein zähflüssiger Teig entsteht.
3. Teig zu zwei Dritteln in einer mit Papierförmchen ausgelegten Muffinform verteilen und 20 bis 25 Minuten goldbraun bei 175 °C backen. Muffins danach auf einem Kuchenrost auskühlen lassen.

FÜR DAS TOPPING:

4. Mascarpone, Zucker und Vanillinzucker in einer Schüssel verrühren. Die Sahne zusammen mit dem Sahnesteif schlagen und vorsichtig unterheben.
5. Das Topping in einen Spritzbeutel füllen und auf die ausgekühlten Muffins spritzen. Die Cupcakes können nun nach Belieben mit bunten Zuckerstreuseln geschmückt werden. Die dekorierten Cupcakes im Kühlschrank aufbewahren.

Mr.
Mrs.

Blaubeer Baisers

Zutaten für ein Blech (circa 60 Stück):

- 4 Eier (Größe M)
- 200 g Zucker
- Blaubeer-Marmelade
- Spritzbeutel
- Backpapier

FÜR DIE EIWEISSMASSE:

1. Backblech mit Backpapier auslegen. Backofen vorheizen (Ober-/Unterhitze: etwa 120 °C, Heißluft: etwa 100 °C).
2. Das Eiweiß in einer hohen Rührschüssel mit einem Mixer auf höchster Stufe sehr steif schlagen. Zucker und Eischaum mit der Marmelade leicht marmorieren, nach und nach unterschlagen, bis die gewünschte Farbe erreicht ist.
3. Die Eiweißmasse in einen Spritzbeutel mit Stern- oder Lochtülle füllen und kleine Baiser-Tupfen auf das vorbereitete Backblech spritzen.
4. Die Baisers je nach Größe im vorgeheizten Backofen 1½ bis zwei Stunden trocknen lassen.

VARIANTE OHNE SPRITZBEUTEL:

Wenn ihr keinen Spritzbeutel habt, könnt ihr die Baisers auch mit zwei Teelöffeln auf das Blech aufsetzen. Die Baisers dürfen nur leicht aufgehen und sich schwach färben. Das Gebäck mit dem Backpapier vom Backblech ziehen und auf einem Kuchenrost erkalten lassen.

Mini-Popcorn

Eine supersüße und beinahe gesunde Snackvariante sind die Mini-Popcorn-Becher.

Zutaten für circa 60 kleine Becher:

- 100 g Popcornmais
- 6 EL Zucker
- 8 EL Öl oder Kokosfett
- Kleine Eisbecher aus Papier

SO WIRD'S GEMACHT:

1. Das Öl in einem großen Topf erhitzen.
2. Den Zucker unterrühren und nach ein paar Sekunden die Herdplatte ausschalten.
3. Popcornmais in den Topf geben und mit dem Zucker und Öl verrühren.
4. Den Topf mit dem Deckel verschließen.
5. Den Topf immer wieder schwenken, damit sich Zucker und Öl gut verteilen.
6. Nach einigen Minuten kann das Popcorn in die kleinen Papp-Eisbecher gefüllt werden.

Buffet selbst gemacht

Wenn ihr euch bei eurer Hochzeit einen Caterer sparen wollt, gibt es einige Tricks, um mit wenig Aufwand ein leckeres Buffet zu zaubern. Viele dieser Leckereien könnt ihr auch problemlos ein bis zwei Tage vor der Feier zubereiten.

Der Klassiker für den Sektempfang – Blätterteigsnacks

Zutaten für circa 80 Häppchen:

- 6 Rollen Blätterteig
- 6 Tuben Tomatenmark
- 3 Zwiebeln
- 500 g Champignons
- 3 Zucchini
- 2 Packungen Cocktailtomaten
- 8 Packungen Mozzarella
- Sesam

SO WIRD'S GEMACHT:

1. Den Backofen auf 180 °C vorheizen.
2. Die Zwiebeln in Ringe schneiden, Öl in eine Pfanne geben, erhitzen und die Zwiebelringe goldbraun dünsten, danach vom Herd nehmen und beiseitestellen.
3. Zucchini und Champignons in Scheiben schneiden und mit in die Pfanne geben.
4. Die Cocktailtomaten in dünne Scheiben schneiden und salzen.
5. Mozzarella in kleine Würfel schneiden.
6. Den Blätterteig auf zwei Backblechen ausrollen. Mit Tomatenmark bestreichen, dann die goldbraunen Zwiebelringe, die Zucchini, Champignons und Sesam darüberstreuen.
7. Mit Mozzarella bestreuen und 15 bis 20 Minuten im vorgeheizten Backofen backen, anschließend abkühlen lassen.
8. Mit einem Pizzaschneider kleine Ecken schneiden.

Wassermelonenpizza mit Tête-de-Moine-Käse

Zutaten für circa 60 Stücke:

- 5 Wassermelonen
- 5 Mangos
- 1 kg blaue Weintrauen
- Käseschaber für Tête-de-Moine-Käse und einen Laib Tête-de-Moine-Käse (alternativ Feta-Käse)
- Dill
- Bambuszahnstocher

SO WIRD'S GEMACHT:

1. Die Melonen mit einem Messer halbieren und in dreieckige Scheiben schneiden.
2. Die Mango schälen und in Stücke schneiden.
3. Den Käse mit dem Schaber hauchfein schaben.
4. Melonenecken mit Käse, Mango und Dill belegen.
5. Weintraube auf die Zahnstocher aufspießen und anschließend durch die Mango auf die Melonenscheiben stecken.

Sommerliches Carpaccio mit Parmaschinken und Honigmelone

Zutaten für circa 60 Häppchen:

- 15 kleine Melonen, Cantaloupe oder Honigmelone
- 1 kg Parmaschinken oder anderer feiner Rohschinken, geschnitten
- Käseschaber für Tête-de-Moine-Käse und einen Laib Tête-de-Moine-Käse
- 60 Bambuszahnstocher

1. Die Melone in gleich große Stücke schneiden.
2. Den Käse mit dem Schaber hauchfein schaben.
3. Servierplatte mit Melone auslegen, Käse und Rohschinken darauf verteilen und den Schinken gerollt mit einem Zahnstocher fixieren.

Pumpernickel-Plätzchen

Zutaten für etwa 40 kleine Häppchen:

- 1 Packung Pumpernickelbrot
- 300 g Käse
- 300 g Salami
- 1 Packung Frischkäse
- 2 Gurken
- 1 Kohlrabi
- Senf, frische Kräuter
- Ausstecher in Herzform oder Ähnliches

1. Pumpernickel, Käsescheiben und Salamischeiben einzeln mit dem Herzchen-Ausstecher ausstechen und nach Belieben belegen beziehungsweise mit Frischkäse bestreichen.
2. Die Gurken und Kohlrabi in dünne Scheiben schneiden und separat ausstechen.
3. Die Häppchen mit einem Tupfer Senf oder frischen Kräutern garnieren und fertig sind die sehr gesunden Pumpernickel-Plätzchen.

Mediterraner pikanter Kuchen

Zutaten für eine Kastenform:

- 2 große Tomaten
- 90 ml Olivenöl, davon 1 EL für die Pfanne abnehmen
- 1 Knoblauchzehe
- 1 Glas schwarze und grüne Oliven, entsteint
- Etwas Salz und Pfeffer
- 200 g Mozzarella
- 8 Basilikumblätter
- 125 ml Milch
- 150 g Mehl
- 1 Pck. Backpulver
- 3 Eier
- 100 g geriebener Greyerzer

SO WIRD'S GEMACHT:

1. Den Backofen auf 180 °C Grad vorheizen.
2. Die Tomaten ein paar Sekunden in kochendes Wasser tauchen, häuten und entkernen. Das Fruchtfleisch in kleine Würfel schneiden.
3. 1 EL Olivenöl in eine Pfanne geben und die Tomatenstücke mit der klein geschnittenen Knoblauchzehe darin braten. Mit Salz und Pfeffer würzen. Vom Herd nehmen, wenn die Flüssigkeit verkocht ist, und abkühlen lassen.
4. Den Mozzarella in kleine Stücke schneiden, die Oliven halbieren, die Basilikumblätter hacken und die geschnittenen Zutaten zu den Tomaten geben.
5. Die Milch leicht erwärmen. Mehl und Backpulver in einer Schüssel gut vermischen, die Eier dazugeben und mit den Schneebesen des Handrührgeräts kräftig verquirlen.
6. Nach und nach das restliche Olivenöl, die Milch und den geriebenen Greyerzer-Käse einrühren. Die Tomaten-Mozzarella-Masse dazugeben und unterheben.
7. Den Teig in eine ungefettete Kastenform geben und etwa 45 Minuten im vorgeheizten Backofen backen.

Ein Traum in Weiß – Meikes Hochzeitstorte

Für eine dreistöckige Torte benötigt man:

- 1. Etage (Durchmesser ca. 18 cm): 1 * Grundrezept Biskuit und Füllung nach Wahl
- 2. Etage (Durchmesser ca. 24 cm): 2 * Grundrezept Biskuit und Füllung nach Wahl
- 3. Etage (Durchmesser ca. 30 cm): 3–4 * Grundrezept Biskuit und Füllung nach Wahl

Grundrezept Biskuit:

- 6 Eier, getrennt
- 1 Prise Salz
- 125 g Zucker
- 2 Pck. Vanillinzucker
- 125 g Mehl
- 1 gestr. TL Backpulver
- 50 g Speisestärke

1. Den Backofen auf 200 °C (Ober-/Unterhitze) vorheizen.
2. Die Eier vorsichtig trennen und das Eigelb auffangen.
3. Das Eiweiß mit einer Prise Salz steif schlagen, nach und nach Zucker und Vanillinzucker einrieseln lassen und weiterschlagen. Anschließend die Eigelbe nach und nach hinzufügen und weiterschlagen.
4. Mehl, Backpulver und Speisestärke mischen und auf die Eimasse sieben, dann vorsichtig mit einem Teiglöffel unterheben.
5. Den Biskuitteig in eine mit Backpapier ausgelegte Springform füllen und im vorgeheizten Backofen circa 20 Minuten goldbraun backen.
6. Nach dem Backen den Biskuit mit einem Messer vorsichtig vom Rand lösen, auf einem Kuchengitter abkühlen lassen und in zwei bis drei dünne Böden schneiden.

Grundrezept Himbeersahne:

- 2 Becher Sahne
- 2 Pck. Sahnesteif
- 2 Pck. Vanillinzucker
- 250 g Himbeeren (frisch oder TK-Ware)

1. Die Sahne mit dem Vanillinzucker und Sahnesteif sehr steif schlagen und die Himbeeren unterheben. Anschließend zwischen die ausgekühlten Biskuitböden streichen und diese stapeln.

Grundrezept Aprikosen-Marzipan-Creme:

- 1 Dose Aprikosen (480 g)
- 3 EL Zucker
- 2 Pck. Tortenguss hell
- 200 g Marzipan
- 3 Tropfen Bittermandelöl

1. Die Aprikosen abgießen, dabei etwas Flüssigkeit auffangen. Die Früchte pürieren und in einem Topf erwärmen. Den Zucker und das Tortenguss-Pulver mit etwas Aprikosensaft anrühren und zum Püree geben.
2. Die Masse kurz aufkochen lassen, bis sie etwas andickt. Das Marzipan zerbröckeln und zusammen mit dem Bittermandelöl zur Aprikosenmasse geben. Die Masse cremig pürieren, abkühlen lassen und zwischen die Biskuitböden streichen.

Grundrezept „Weiße Schokoladen-Buttercreme“:

- 50 g Sahne
- 100 g weiße Schokolade beziehungsweise. Kuvertüre
- 125 g Butter

1. Die Sahne aufkochen und über die Schokolade gießen, sodass diese schmilzt. Die Masse gut verrühren und abkühlen lassen. Die Butter mit den Schneebesen des Handrührgerätes aufschlagen, bis sie eine sehr helle Farbe annimmt. Dann die abgekühlte Schokoladensahne hinzugeben und weiterschlagen, bis eine streichfähige, homogene Masse entstanden ist.
2. Die gefüllten Biskuitböden mit der Schokoladen-Buttercreme bestreichen und mit einer Palette vorsichtig verteilen, sodass die Torte eine gleichmäßige Oberfläche erhält. Die drei Tortenetagen noch einmal kühl stellen.
3. Zum Schluss alle drei Etagen mit Fondant überziehen, zu einer Hochzeitstorte stapeln und nach Belieben mit Fondant, Marzipan, Blüten und Satinbändern dekorieren.

Die Bar

Was wäre eine Party ohne leckere Drinks? Klar, zum Essen reichen Wein und Bier, doch nachdem die Tanzfläche eröffnet wurde und die Party losgehen kann, können selbst gemixte Drinks bei euren Gästen schon ganz schön punkten. Solltet ihr in einem Restaurant feiern, klärt ab, ob es eine Getränkepauschale gibt, und rechnet euch aus, ob sich diese lohnen würde. Das hängt natürlich ganz davon ab, wie trinkfreudig eure Gäste sind, ob alle dort übernachten, ob viele Schwangere zugegen sind … Gerade bei den Getränken solltet ihr einmal nachfragen, was der Betreiber verlangt. Wenn jeder Cocktail einzeln mit circa 8 Euro abrechnet wird, überlegt euch, ob es Bier und Wein nicht auch tun, vielleicht macht ihr dann nach dem Essen eine kleine Schnapsrunde und voilà, der Pegel steigt.

Am Allergünstigsten ist es natürlich, wenn ihr die Bar selbst betreiben könnt. Dann sucht euch ein paar Leute, welche die Bar schmeißen und schon mal Longdrinks beziehungsweise Cocktails gemixt haben, kauft die Getränke ein und ab geht's. Macht in jedem Fall eure Bar kenntlich, damit auch jeder den Weg dorthin findet, und baut eine kleine Drinkstation.

Benötigtes Material:

- Zwei große Spanplatten (circa DIN A2)
- Schleifpapier oder Schleifmaschine
- Tafellack oder Tafelfarbe
- Schaumstoffrolle
- Weißer Filzstift, aber auf Kreidebasis oder Flüssigkreide
- Lichterketten

SO WIRD'S GEMACHT:

1. Schneidet als Erstes die Spanplatten zu oder lasst diese in der gewünschten Größe im Baumarkt zuschneiden.
2. Schleift die Platten grob ab und lackiert die geschliffenen Platten mit dem Tafellack gleichmäßig mit der Schaumstoffrolle.
3. Je nach Geschmack empfiehlt es sich, die Platten ein zweites Mal zu lackieren, wenn die Farbe optimal decken und die Kreide später gut abwaschbar sein soll.
4. Lasst sie trocknen (je nach Anleitung) schreibt dann eure Getränkekarte mit einem dicken weißen Filzstift auf Kreidebasis auf die Tafeln und verziert sie nach Belieben.
5. Um die Bar richtig kenntlich zu machen, hängt am besten Lichterketten um die Barkarte herum.

Kathrin & Anton
proudly present
Drink
MENU
GIN TONIC
Aperol SPRITZ
Cuba Libre
KURZ
+
KLAR

Coole Drinks

OHNE ALKOHOL

Fruchtschorlen sind zu jeder Jahreszeit ein erfrischendes Geschmackserlebnis. Wie wäre es zum Beispiel mit leckeren Kreationen wie Himbeerschorle mit Minze?

Zutaten für 8 Personen:

- 500 g Himbeeren
- 12 frische Pfefferminzblätter
- Saft von 1 Zitrone
- 4 EL Honig
- 2 l Mineralwasser (medium)
- Nach Belieben Eiswürfel

SO WIRD'S GEMACHT:

1. Die Himbeeren, Pfefferminzblätter, Honig und den Zitronensaft in einen Mixer geben.
2. Je nach Wunsch Eis dazugeben.
3. In eine Glaskaraffe füllen, Mineralwasser hinzufügen und servieren.

dass du da bist

Prosecco mit Himbeersirup und Früchten

Für die Variante mit Alkohol das Mineralwasser in 60 Prozent Mineralwasser und 40 Prozent Prosecco aufteilen.

Zutaten:

- Himbeeren und Blaubeeren
- Prosecco
- Himbeersirup (pro Glas ein TL)
- Holzstäbchen mit Spitze
- Stanzer Kreis mit Wellenmuster oder Wellenschere
- Helles Tonpapier
- Weiche Unterlage (Kork, Umzugskarton, Moosgummi)
- Glanzlackmarker
- Kleber

SO WIRD'S GEMACHT:

1. Legt das helle Tonpapier auf eine weiche Unterlage und stanzt die Kreise aus. Alternativ könnt ihr den Deckel vom Klebestift als Vorlage nehmen und mit einer Wellenschere die Kontur in Form bringen.
2. Auf die Kreise könnt ihr mit dem Glanzlackmarker eure Namen schreiben.
3. Klebt dann jeweils zwei Kreise mit dem stumpfen Ende des Holzstäbchens dazwischen zusammen.
4. Steckt auf die Spieße jeweils zwei Himbeeren und in der Mitte eine Blaubeere.
5. Füllt währenddessen die Gläser mit Prosecco und gebt pro Glas einen Teelöffel Himbeersirup hinzu. Kurz umrühren und dann die Spieße quer hinüberlegen.

Fotografie

Den vielleicht schönsten Tag in eurem Leben wollt ihr natürlich für immer festhalten. Hierfür könnt ihr auch locker mal ein kleines Vermögen ausgeben. Von Fotostrecken, die vom Getting-Ready bis zum letzten tanzenden Gast gehen, ist alles drin. Die Fotos können tagefüllend sein, und nicht selten verschwindet ein Hochzeitspaar nach der Trauung für mehrere Stunden zum Shooting und ward nicht mehr gesehen, während sich die Gäste langweilen und fragen, was sie wohl tun sollen.

Folgende Fragen können helfen herauszufinden, was und wie viel Ihr von eurer Zeit und eurem Geld an diesem Tag für Hochzeitsbilder ausgeben wollt.

1. Wie viel Budget ist für Hochzeitsbilder eingeplant? (Je länger der Fotograf da ist, desto mehr kostet der Spaß, oft reicht es, vor der Hochzeit eine Stunde Fotos zu machen, die Trauung, den Sektempfang plus Gruppenfoto, die Leute sind ja die selben und das Make-up wird auch nicht frischer.)
2. Welche Teile eurer Feier wollt ihr unbedingt für die Ewigkeit festhalten? (Styling, Kirche, Gruppenfotos, Einzelfotos mit jedem, Party ...)
3. Überlegt euch, ob es für euch in Ordnung wäre, die Bilder vor der Trauung zu machen. Ihr habt es dann erledigt und könnt für eure Gäste da sein. Für viele Brautpaare kann es enttäuschend sein, kurz nachdem man all seine Lieben gesehen hat und sich hat beglückwünschen lassen, für mindestens eine Stunde verschwinden zu müssen.
4. Gibt es jemanden im Freundes- oder Bekanntkreis, der eine gute Kamera und Lust hat, ein paar Stunden zu knipsen?

TIPPS UND TRICKS

Ob ihr nun die Fotos von einem Fotografen machen lasst oder jemanden habt, dem ihr diese Aufgabe zutraut: Überlegt euch im Vorhinein, wie ihr euch die Bilder vorstellt, und kommuniziert es. Sucht am besten in Zeitschriften, über Google Bildersuche, Pinterest Bilder, die euch gefallen, und überlegt:

1. Wo wollen wir die Fotos machen? (Draußen, drinnen, See, Wald, auf einem schönen Feld, in einer Allee, mitten in der City ...)
2. Sollen es eher klassische Paarbilder oder ausgeflippte Bilder werden?
3. Braucht ihr für die Bilder Accessoires oder andere Materialien (Luftballons, die müsst ihr wahrscheinlich selbst besorgen und füllen, einen coolen Oldtimer, ein Fahrrad ...). Am besten ist es, wenn ihr eure Vorstellungen mitteilt und vielleicht Bilder, die euch gefallen, mitbringt.

Die Einwegkamera

Wenn ihr auf lustige Schnappschüsse steht, könnt ihr auch günstige Einwegkameras kaufen und auf den Tischen verteilen. Gerade zu später Stunde und wenn die Stimmung feucht-fröhlich wird, werden eure Gäste auf dieses Gimmick zurückgreifen und euch für später lustige Stunden bescheren.

Fotoalbum

Wisst ihr noch: Früher klebte man die entwickelten Fotos einfach in ein Fotoalbum. Ja, das gibt es noch und sieht nebenbei richtig toll aus. Lasst eure besten Fotos entwickeln und kauft euch ein Fotoalbum, in das ihr eure Fotos hineinklebt. Das macht Spaß, sieht toll aus und schont zusätzlich euer Portemonnaie.

Fotobuch

Viele Fotografen bieten euch an, gleich ein Fotoalbum erstellen und drucken zu lassen. Das könnt ihr natürlich auch selbst tun. Macht es einfach auf einer Seite, die der Fotograf auch benutzen würde. Dann ist die Qualität die gleiche und vor allem – ihr könnt selbst entscheiden, wo welches Bild hinkommt und welche vielleicht gar nicht rein müssen.

http://www.cinebook-fotobuch.de/

https://de.whitewall.com

Bitte kurz warten
Gleich seht ihr das
dritte Bild...
HIER KOMMT
DAS
VÖGELCHEN

Die Fotobox

Wenn ihr es nicht allzu steif mögt und eher auf lustige und kreative Partypics steht, leiht euch eine Fotobox und lasst die Gäste selbst knipsen. Mit ein paar coolen Accessoires versehen macht das Ganze garantiert allen Spaß und lockert zudem die Party auf. So habt ihr dann auch im Nachhinein noch was zu lachen. Und die Gäste können die Zeit vor und nach dem Essen, bevor die Party so richtig losgeht, sinnvoll gestalten und sich Kunstwerke für die Ewigkeit erschaffen.

Kamera mieten

Wenn eure Familie und eure Freunde auf diesem Planeten zu Hause sind, dann werden sie wohl fast alle ein Smartphone besitzen und dieses auch nur zu gerne zücken, wenn sie euch im Hochzeitsoutfit sehen, wenn ihr euren Gästen zuprostet, wenn ihr die Torte anschneidet oder euren Eröffnungstanz darbietet. Dessen könnt ihr euch sicher sein: An Fotos mangelt es euch sicher nicht. Deswegen stellt sich die Frage, wie viele professionelle Fotos ihr wollt. Am wichtigsten ist hier eigentlich die Kamera. Neben den normalen Handypics sollten es schon ein paar Bilder sein, die sich auch vergrößern lassen. Kennt ihr jemanden mit einer guten Kamera, ist das kein Problem. Freunde machen es gerne, ohne Geld zu verlangen. Habt ihr jemanden, der gut fotografieren kann, dem aber lediglich das Equipment fehlt? Leiht euch einfach eine Kamera! Folgende Webseiten bieten das an und verschicken teilweise die Kameras zu euch nach Hause:
http://www.objektiv-verleih.de/
http://www.zoomyrentals.de/
https://www.ac-foto.com/onlineshop/ac-foto/?section=mieten
Man sollte diese Kameras natürlich schon einmal bedient haben und wissen, wie es geht.

Das Ringkissen

Ein selbst gebasteltes Ringkissen ist ein wunderbares DIY-Detail, das diesen einzigartigen Moment des Ringtausches noch besonderer macht. Und es ist eine schöne Erinnerung an eure Hochzeit.

Material für ein Ringkissen:

- Zwei Stoffquadrate ganz nach eurem Geschmack (15 x 15 Zentimeter)
- Ein Haarband mit Blümchen (gibt es bei H&M und Co. für circa zwei Euro)
- Satinband 3 Millimeter breit (Länge circa 60 Zentimeter)
- Schere
- Füllwatte
- Nadel und Faden beziehungsweise Nähmaschine

SO WIRD'S GEMACHT:

1. Die zwei zugeschnittenen Stoffquadrate links auf links aufeinanderlegen und per Rückstich mit der Hand oder mit dem Geradstich der Nähmaschine einen 0,5 Zentimeter breiten Saum um das Kissen nähen. An einer Stelle sollte einen Öffnung von circa 5 Zentimeter ausgespart werden. Damit die Spitzen des Kissens später besser herauskommen, schneidet die Ecken vorsichtig zu.
2. Dreht nun das Kissen auf die rechte Seite und befüllt es mit Füllwatte.
3. Legt die Nahtzugaben an der Öffnung nach innen, bügelt sie glatt und schließt nun die Öffnung mit der Hand (mit ein paar unsichtbaren Stichen) oder der Nähmaschine (knappkantig).
4. Legt jetzt das Haarband um das Ringkissen, sodass die zwei unteren Drittel der Kissenfläche freibleiben. Näht nun das Band mit ein paar kleinen Stichen fest.
5. Als letzten Schritt schneidet ihr je 15 Zentimeter des Satinbandes ab und knotet diese entweder am Haarband fest oder näht das Ende am Kissen unterhalb des Haarbandes fest.
6. Dann nur noch die Ringe mit einer hübschen Schleife an die Bänder binden, und die Trauung kann beginnen.

Tipp: Gerade wenn man nervös ist, kann es vorkommen, dass sich die Schleife des Ringkissens nicht auf Anhieb öffnen lässt. Probiert das vor der Trauung ein, zwei Male aus, damit ihr wisst, wie ihr ziehen müsst, damit die Ringe sich auch gleich lösen.

Heißer Schlitten

Für viele gehört ein schönes Auto einfach zum Hochzeitstag dazu wie Christbaumkugeln zu Weihnachten. Wenn ihr schon lange davon träumt, euch für einen Tag einmal das Auto eurer Träume auszuleihen, dann könnt ihr es in Erwägung ziehen. Gerade wenn ein längerer Autocorso geplant ist, sollte das Brautpaar den Corso nicht unbedingt mit einer schmutzigen verrosteten Blechkarre anführen. Aber das Gefährt ist ein Kostenpunkt, der nicht immer Sinn macht:

1. Wie weit ist die Strecke, die Ihr an diesem Tag zurückzulegen plant (wenn Standesamt und Location nur wenige hundert Meter voneinander entfernt sind, stellt sich die Frage, ob man hierfür mehrere Hundert Euro ausgeben will)? Braucht ihr überhaupt ein Auto?
2. Wenn ja: Gibt es jemanden im Familien- beziehungsweise Freundeskreis, der euch sein Gefährt für ein paar Stunden ausleihen würde?
3. Falls dem nicht so ist: Erkundigt euch bei mehreren Anbietern, wie viel das gewünschte Auto zu mieten kostet, und erwähnt nicht das Wort „Hochzeit“. In vielen Fällen gibt es da nämlich noch einen Extraaufschlag.

Grünzeug fürs Auto?

Natürlich könnt ihr euch auch von einem Floristen ein teures Blumenbouquet für die Motorhaube machen lassen. Das sieht klasse aus, kostet aber auch entsprechend.

Ihr könnt es auch selbst machen, dazu müsst ihr euch ein Steckschaumherz besorgen und ganz nach eurem Geschmack bestecken. Hortensien sehen toll aus und kosten wenig. Das Herz wird dann mit Saugnäpfen an der Motorhaube befestigt.

Ein Band mit Rosen

Wenn euch ein ganzes Blumenherz zu viel ist, könnt ihr eine schöne Hochzeitsdeko auch selbst gestalten, indem ihr zwei breite Bänder oder Girlanden (jedes etwa 1,8 Meter lang, mit ein paar Blumen verziert (am besten näht ihr sie vorsichtig an) und über die Motorhaube spannt.

Für den Autocorso – Antennenschleifen

Ein Autocorso macht Spaß und heizt die Stimmung richtig an. Ein schönes Gimmick sind die Antennenschleifen, die ihr ganz einfach selbst basteln könnt:

Benötigtes Material:

- Ein bis zwei unterschiedliche Stoffbordüren/Satinbänder (circa 20 Zentimeter pro Farbe und Autoschleife)
- Garn oder Draht
- Schere

SO WIRD'S GEMACHT:

1. Schneidet mit der Schere von jeder Stoffbordüre und dem Garn jeweils ein 20 Zentimeter langes Band ab.
2. Faltet aus der ersten Bordüre zuerst zwei Schlaufen und haltet diese in der Mitte mit dem Daumen und dem Zeigefinger in der Hand gut fest. Das sollte aussehen wie eine Acht, am besten mit zwei identisch großen Schlaufen.
3. Anschließend fixiert einfach die Schlaufen mit dem Garn in der Mitte. Macht zur Sicherheit einen kleinen Knoten darüber. Achtet allerdings darauf, dass noch genügend Garn übrig bleibt, um im Anschluss die zweite Schleife aus der anderen Bordüre an die erste zu binden. Es muss auch ausreichend Garn vorhanden sein, um die Autoschleife an einer Antenne zu befestigen. Nun folgt die zweite Bordüre, die ihr ebenfalls zu einer „Acht" legt.

Music makes the world go round

Wer wünscht sich nicht ein rauschendes Hochzeitsfest, auf dem gut gespeist, viel getrunken und wild getanzt wird? Damit es das auch wird, braucht ihr vor allem eines: gute Musik, welche die Gäste auf die Tanzfläche lockt und mitreißt. Tanzen ist nicht jedermanns Sache, das stimmt, doch ab und an tanzen die meisten, gerade in Verbindung mit einem oder mehreren Schlückchen Wein, mal ganz gerne. Und wenn ihr und eure Gäste dann mal so richtig in Fahrt seid, wird es einfach unvergesslich. Also braucht ihr jemanden oder auch mehrere, die das für euch zuverlässig erledigen.

Kirchliche Trauung: Organist, Solist oder (Kirchen-)Chor

Die kirchliche Trauung ist für viele der emotionalste Teil ihrer Hochzeit und sollte auch der Planung entsprechend nicht auf die leichte Schulter genommen werden. Ihr solltet den Ablauf in der Kirche gut planen und diesen vor allem mit eurem Pfarrer besprechen. Gerade die Frage, welche Hochzeitslieder in der Kirche gespielt werden sollen, ist gar nicht leicht. Es gibt eine große Auswahl für Lieder zur kirchlichen Trauung.

Wenn ihr selbst einen Organisten kennt, spart ihr nicht nur Geld, ihr habt auch einen größeren Gestaltungsspielraum bei der Liederauswahl. Vielleicht möchtet ihr auch den örtlichen Kirchenchor fragen, ob er die musikalische Untermalung eurer Trauung übernehmen möchte. Diese sind meist gemeinnützige Vereine und werden oft nur durch freiwillige Spenden bezahlt. Und christliche Hochzeitslieder gehören meist zu deren Standardrepertoire. Die Sänger werden sich freuen, eure Feier zu bereichern, und beraten euch sicherlich gerne, welche Lieder sich zum Einzug, als Kyrie- & Glorialieder et cetera gut eignen.

Viele entscheiden sich auch für einen Solisten während der kirchlichen Trauung. Gibt es jemanden in eurer Nähe, der eine beeindruckende Stimme hat? Auch die Kombination Solist und Gitarrist ist eine sehr berührende und gefühlvolle Variante, euren Gästen eine Gänsehaut zu bescheren. Oft ist es hilfreich, sich an vergangene Hochzeiten zu erinnern. Wann hattet ihr selbst Gänsehaut? Solist oder Chor? Welches Lied hat es euch angetan?

DJ oder Band

DJ oder Band – keine leichte Entscheidung, die natürlich auch sehr stark von euren Vorstellungen und eurem Musikgeschmack abhängt. Mögt ihr gerne elektronische Musik, wird es schwer mit der Band.

DAS SPRICHT FÜR EINE BAND

Kennt ihr eine coole Band, bei der vielleicht jemand aus dem Familien- und Freundeskreis mitspielt, perfekt! In jedem Fall macht es Sinn, sich die Band davor einmal anzuhören, vor allem in Hinblick auf ihre Partytauglichkeit, bevor ihr sie bucht. Bigbands sind beispielsweise wunderbar anzuhören, nur ist es da eher unwahrscheinlich, dass ihr das Tanzbein schwingen werdet.

Prinzipiell sind Bands teurer als DJs, schon weil in einer Band mehr als eine Person bezahlt werden und weil sie oft Instrumente, die nicht selten teuer sind, dabei haben. Das ganze Equipment kostet da schon einiges, denn der DJ braucht ja außer seinem PC oder seinen Turntables nur die Boxen. Das ist dann mitunter auch eine Platzfrage. Solltet ihr euch für eine Band entscheiden, dann braucht diese auch eine Bühne oder zumindest ausreichend Platz.

Atmosphärisch ist es natürlich toll, wenn die Band draußen schon beim Sektempfang spielt. Eine Band ist auch näher dran an den Gästen und wenn der Funke überspringt, ist das bei Band und Gästen spürbar. Der Nachteil an Bands sind in der Regel die Pausen. Keine Band kann acht Stunden lang durchspielen. Hat es die Band erst einmal geschafft, auch den letzten Tanzmuffel von seinem Stuhl zu holen, und macht dann eine Pause, dann ist die Tanzfläche wie leergefegt und das Spiel beginnt von Neuem.

1. Wie viel wollen wir für die Band ausgeben?
2. Kennt ihr eine Band, von der ihr wisst, dass sie abrocken wird?
3. Wie ist der Onlineauftritt der Band?
4. Welche Referenzen haben sie vorzuweisen? Andere Dienstleister, wie die Location, können hier oft gute Empfehlungen abgeben.
5. Hat die Band schon auf Hochzeiten gespielt?
6. Wie ist die Zusammenarbeit beim Vorgespräch, wie das „Bauchgefühl"?
7. Wie lange soll die Party gehen? (Die Band wird wohl kaum von 22 Uhr bis 4 Uhr morgens durchspielen.)

DJ, turn the music on

„Hey DJ, spiel mal was von Rammstein!“ Äh, nein, so sollte es garantiert nicht ablaufen, es sei denn, ihr seid große Fans von Rammstein. Aber ein DJ, wenn ihr euch für diese Variante entscheidet, ist ja keine Jukebox für Gäste mit grauenvollem Musikgeschmack. Ein DJ, der es so richtig drauf hat, bringt eure Party zum Beben. Nur so einen zu finden ist nicht unbedingt leicht. Das ist bei Bands schon einfacher, sie geben regelmäßig Konzerte, produzieren CDs und sind somit leichter auf Herz und Nieren zu prüfen. Ein DJ hingegen kann auf einer Party ganz andere Musik spielen als auf der nächsten. Er ist, vor allem wenn er gut ist, ein Chamäleon, das sich der Stimmung und der Leute anpasst und darauf individuell und flexibel reagiert.

Im großen Pool der Hochzeits-DJs tummeln sich leider auch einige, die nur das große Geld riechen, vom Auflegen und Stimmungmachen aber nicht die leiseste Ahnung haben. Drum prüfet, wer sich ewig bindet, bitte auch den DJ:

1. Wart ihr selbst bereits auf einer Hochzeit, bei der ihr einfach hin und weg wart vom DJ (das wäre die beste Variante, vorausgesetzt, die Hochzeit war nicht gerade in Neuseeland).
2. Habt ihr einen guten DJ im Freundes- oder Bekanntenkreis, von dem ihr wisst, dass er es drauf hat?
3. Fragt Freunde, ob Sie einen DJ kennen, der gut ist und schon auf Hochzeiten gespielt hat. Vorsicht ist geboten bei DJs, die sich explizit als Hochzeits-DJs bezeichnen!
4. Wenn ihr keinen kennt, schaut euch im Internet Websites an, das kann helfen.
5. Trefft euch auf jeden Fall zu einem Gespräch und sprecht über Musik, Lieblingslieder, Musikstile. Stellt ihm Fragen wie: Welche Lieder würdest du auf einer Hochzeit niemals spielen?

Generell hat ein DJ eine größere Bandbreite an Musikrichtungen und Liedern, als es eine Band hat. Und der DJ hält auch länger durch, da kann die Party schon auch bis 5 Uhr morgens gehen. Wenn er dann doch mal eine Pause macht, wird währenddessen Musik gespielt und die Tanzfläche bleibt voll.

Kombi Band und DJ

Wenn ihr euch nicht entscheiden könnt und die Vorteile beider, Band und DJ, als hoch einschätzt, macht doch einfach beides. Lasst zum Sektempfang die Band die Stimmung einheizen, die kann dann auch nach dem Essen die Party vorbereiten, bis dann schließlich der DJ bis spät in die Nacht übernimmt. So wäre wirklich für jeden etwas dabei und die Party kann bis in die frühen Morgenstunden gehen.

Welcher Eröffnungstanz?

Die Tradition des Eröffnungstanzes mag manchen verstaubt vorkommen, gerade dann, wenn Paare, die mit Walzer so wenig am Hut haben wie Mozart mit Techno, meinen, zu „An der schönen blauen Donau“ das Tanzbein schwingen zu müssen. Doch auch wenn man sich gerne gegen verstaubte Traditionen sträubt, hier sollte man es sich gut überlegen, ob dieser Abstrich Sinn macht, denn der Eröffnungstanz hat bei der Feier, wenn es denn eine werden soll, eine ganz zentrale Funktion: Er eröffnet das Fest. Denn seid ihr erst einmal auf der Tanzfläche, werden bald weitere Gäste folgen, und schwups ist die Tanzfläche gefüllt und die Party geht so richtig los.

Es muss ja kein Walzer sein, es kann ja ein Lied sein, das euch einfach etwas bedeutet, und ihr müsst auch auf dem Parkett keine bühnenreife Leistung hinlegen. Vielleicht ist es auch manchmal schöner, einfach einen verschmusten langsamen Tanz zu tanzen, bei dem ihr euch wohlfühlt, als einen gerade erst eingeübten Standardtanz, bei dem ihr unsicher seid. Wichtig ist einfach, dass es zu euch passt.

Überlegt:
Gibt es ein Lied, das „eures“ ist, das eure Liebe schon von Anfang an begleitet hat? Gibt es einen Tanz, der euch Spaß macht?
Und wenn ihr euch dann für ein Lied entschieden habt, schadet es auch nicht, eure Performance daheim einmal durchzuspielen.

TIPP ZU LANGEN BRAUTKLEIDERN:

Wahrscheinlich hast du noch nie in einem Brautkleid getanzt. Und leider sind auch die wenigsten Kleider so richtig fürs Abrocken gemacht. Da du mit großer Wahrscheinlichkeit keine Lust hast, auf der Tanzfläche über dein Kleid zu stolpern, probier den Eröffnungstanz vorher aus.

Bei Kleidern mit Schleppe bitte das Brautmodengeschäft oder eine Schneiderin, einen Einnäher zu nähen, so kann die Schleppe später einfach eingehängt werden.

Bei bodenlangen Kleidern kann ein Reifrock Abhilfe schaffen, weil er den ganzen Stoff von dir fernhält, sodass du prinzipiell nicht ständig Gefahr läufst, darüber zu stolpern. Es gibt Reifröcke in verschiedenen Formen und Breiten, auch für Kleider mit Schleppe.

Wenn du allerdings nicht der Typ für einen Reifrock bist, was ja gut möglich ist, dann kann ein kleiner Trick helfen, dir den Stoff vom Bein zu schaffen und jegliche Stolpergefahr zu minimieren. Wer Disneys Cinderella kennt, hat es gleich vor Augen: die zauberhafte Szene, in der Cinderella mit ihrem Prinzen tanzt. Elegant und graziös hält sie das Ende ihres Kleides einfach mit einer Hand hoch.

Make-up

An euerem Hochzeitstag kann es sein, dass die Hand etwas unruhig wird. Übe das Make-up am besten schon im Vorhinein mit einer Freundin zu schminken, so kann am großen Tag nichts mehr schiefgehen.

Am schönsten Tag sollst du natürlich strahlen wie ein Honigkuchenpferd.

Frisur

Egal ob du eine Kurzhaarfrisur trägst oder deine Haare schon eine ganze Weile für den großen Tag wachsen lässt, an diesem Tag soll es schon was ganz Besonderes sein. Es gibt für jeden Typ und für jede Länge Frisuren, die bezaubernd aussehen und nicht viel Aufwand erfordern:

Edle Zwirbelfrisur für langes Haar

Benötigtes Material:

- Haargummi (am besten dezent)
- Haarklammern und Haarnadeln
- Frische Blumen (passend zum Kleid)
- Haarspray

SO WIRD´S GEMACHT:

1. Haare mit dem Kamm kämmen und in der Mitte scheiteln.
2. Vom Scheitel ab bis hinter die Ohren eine vordere Haarpartie nehmen und nach innen einzwirbeln, das Gleiche auf der anderen Seite.
3. Die eingezwirbelten Haarpartien mit einem Haargummi aneinanderbinden.
4. Die unteren Haare durch die obere Öffnung am Haargummi durchschieben und mit Haarklammern innen festecken, sodass die Haarnadeln außen nicht sichtbar sind.
5. Zwei Blumen mit Haarnadeln einstecken.
6. Alles mit Haarspray fixieren.

Lockere Hochsteckfrisur

Benötigtes Material:

Haargummi (am besten dezent)
Haarklammern und Haarnadeln
Blumen (passend zur Farbe des Kleides)
Bürste
Haarspray

SO WIRD´S GEMACHT:

1. Obere Haarpartie abtrennen und mit Haarklammern provisorisch befestigen.
2. Die untere Haarpartie dritteln, dabei die mittlere mit einem Haargummi zu einem kleinen Pferdeschwanz binden.
3. Die äußeren unteren Haarpartien nach innen einzwirbeln und die Enden locker um den Zopfgummi herumstecken und somit fixieren.
4. Die Haare aus dem Zopfgummi nach oben nehmen und mit der Bürste toupieren.
5. Die Haare strähnchenweise aus dem Zopfgummi nehmen, einzwirbeln und mit den Haarklammern feststecken.
6. Die obere Haarpartie ebenfalls toupieren und strähnchenweise feststecken.

Bezaubernder Blumenkranz für kurze oder lange Haare

Es gibt im Leben nicht allzu viele Gelegenheiten, zu denen du dir einen Blumenkranz binden kannst, leider. Ein Grund mehr, das an deiner Hochzeit zu tun. Denn Blumen im Haar sehen an kurzen wie langen Haaren einfach natürlich und romantisch aus.

Benötigtes Material:

- Stahldraht (für den Kranzreif)
- Zange
- Grünes Pflanzentape
- Silberdraht
- Ein großer Bund deiner Wunschblumen
- Gartenschere

SO WIRD'S GEMACHT:

1. Nimm den Stahldraht und passe drei bis vier Stahldraht-Längen an deine Kopfgröße an. Lege die Drähte aneinander und verdrille sie. Umwickel sie fest mit dem Pflanzentape für mehr Stabilität und damit du dich nicht verletzt.
2. Lege das eine Drahtende in eine Schlaufe, tape die Enden der Drähte zusammen, sodass sie nicht unangenehm in die Kopfhaut piksen.
3. Lege jetzt die erste Blüte längs des Stahldrahtes und umwickle den Blütenstiel mit dem Silberdraht.
4. Wiederhole dies abwechselnd mit Blüten und Blattgrün, kombiniere dabei die verschiedenen Farbnuancen und Blütengrößen. Achte darauf, dass du die Blumen fest mit Silberdraht fixierst und dass sich der Stahldraht nicht verdreht, damit die Blüten allesamt an einer Drahtseite (später der Kranz-Außenseite) festgesteckt sind.
5. Fülle Lücken im Blumenkranz auf, indem du zum Beispiel etwas Blattgrün oder Schleierkraut dazwischen setzt.
6. Du kannst den Kranz dann einfach aufsetzen; schöner sieht es aus, wenn du die obere Haarpartie abtrennst und den Kranz dahinter befestigst.

Der Perlen-Fascinator für kurze Haare

Benötigtes Material:

- Ein Stück Filz (Farbe: ivory)
- Flüssigkleber oder Schmucksteinkleber
- Zahnstocher
- Perlen, große und kleine
- Schere
- Pinzette
- Eine Abteilklammer (mittelgroß)

SO WIRD'S GEMACHT:

1. Schneidet aus dem Filz die gewünschte Form (siehe Bild, circa 12 Zentimeter). Verteilt dann den Flüssigkleber in einer Schale, tragt pro Perle je einen Tropfen Kleber auf und klebt die Perle mit einer Pinzette auf das Filzteil.
2. Beklebt den Filz dann vollständig mit den unterschiedlich großen Perlen.
3. Lasst das Filzstück gut trocknen.
4. Verteilt etwas mehr Kleber auf einer mittelgroßen Abteilklammer und legt das Haarteil auf eine weiche Oberfläche. Klebt dann die Klammer mittig darauf und lasst alles gut trocknen.

Brautstrauß handmade

Was wäre eine Braut ohne einen wunderschönen Blumenstrauß? Ursprünglich sollte der Brautstrauß den muffigen Geruch in der Kirche vertreiben und die Braut vor Ohnmachtsanfällen schützen. Mittlerweile ist er einfach ein unverzichtbares Accessoire.

Benötigtes Material:

- Sprühkleber
- Zange
- Flora-Kreppband
- Silberdraht
- Blätter
- Stahldraht (für den Kranzreif)
- Gärtnerbast
- Glitzer und das eine oder andere Accessoire
- Ein großer Bund deiner Wunschblumen
- Gartenschere

SO WIRD'S GEMACHT:

1. Entblättern und entdornen: Bereitet zunächst alle Blumen auf einmal vor. Entblättert beziehungsweise entdornt diese gründlich. Zupft schon verwelkte oder braune Blätter ab und legt die geputzten Blumen vor euch auf.
2. Blumen binden: Nun könnt ihr beginnen, die Blumen zu einem runden Strauß zu binden. Nehmt dazu eine Blume nach der anderen und legt diese immer wieder über Kreuz. Achtet darauf, dass sie immer schön kompakt bleiben. Habt ihr einen runden Strauß, bindet diesen sehr fest mit einem Gärtnerbast zusammen. Dazu benötigt ihr besser Hilfe, denn der Knoten muss sehr fest sitzen.
3. Äußere Blätter: Nun nehmt ihr große Blätter (die ihr ebenfalls beim Floristen bekommt), schlagt die Spitze um und klebt diese mit einem Klebeband am eigenen Stiel fest. Macht das bei allen Blättern. So wird jedes Blatt zur schönen Schlaufe. Nun legt die Blätter wie zuvor die Blumen eines nach dem anderen um den Strauß im Kreuz an. Erneut den Strauß festbinden.
4. Kürzen: Schneidet nun die Stängel schräg in der gewünschten Länge ab.
5. Band anbringen: Jetzt dürft ihr das Band anbringen. Wickelt dieses dazu spiralenförmig und sehr fest um den Stiel des Straußes. Dafür eignen sich besonders gut Bänder, die außen mit einem Draht verstärkt sind. Zum Schluss eine Schleife und fertig!
6. Verzieren: Verziert euren selbst gebundenen Brautstrauß. Dazu könnt ihr etwa einen Sprühkleber verwenden, diesen auf die Rosen sprühen und die Stelle mit Glitzer bestauben. Auch Perlen, am Draht befestigt, werten den Strauß romantisch auf. Lasst eurer Fantasie freien Lauf.

Ansteckstäußchen

Ansteckstäußchen für den Bräutigam, die Trauzeugen oder die Brautjungfern sind ein schönes Accessoire, welches ganz einfach selbst herzustellen ist.

Benötigtes Material:

- Orchideenröhrchen aus Kunststoff (7,5 Milliliter)
- Flora-Kreppband
- Kleine runde Magneten, extra stark (zwei Stück pro Sträußchen)
- Satinband, Breite 5 Millimeter
- Eure Wunschblumen
- Gartenschere

SO WIRD'S GEMACHT:

1. Wickelt das Flora-Kreppband leicht schräg um das Röhrchen, dabei zieht ihr leicht, damit es richtig klebt.
2. Denkt daran, unterhalb der oberen Einbuchtung einen Magneten mit einzuwickeln.
3. Ihr könnt nach Belieben oben Satinband umwickeln und eine kleine Schleife binden.
4. Entblättert und entdornt Blumen und Blümchen aus dem Garten (keine Wiesenblumen wegen Haltbarkeit, am besten einmal ausprobieren) oder von den Restblumen des Brautstraußes. Füllt die Röhrchen am Hochzeitstag zu einem Drittel mit Wasser und arrangiert die Blumen darin.

Gastgeschenke für die Lieben

Gastgeschenke sind ein wirklich schönes Nice-to-Have, sie werden meist zusammen mit den Namenskärtchen auf den Tisch gelegt.

Das klassische Gastgeschenk, das aus Italien stammt, sind fünf Hochzeitsmandeln pro Gast. Die fünf Mandeln symbolisieren dabei fünf Wünsche für die Braut und den Bräutigam: Gesundheit, Reichtum, Glück, Kindersegen und ein langes Leben. Der bittersüße Geschmack der Mandeln symbolisiert das Leben, das bitter und süß zugleich ist. Die Zuckerummantelung trägt dabei den Wunsch, dass das Leben des frisch verheirateten Paares mehr süß als bitter sein möge.

Auch hierzulande werden die Mandeln immer beliebter, weil sie sich hübsch verpacken lassen, eine schöne Erinnerung an die Hochzeit sind und weil sie auch gut aufzubewahren sind.

Bonbonniere hübsch verpackt

Benötigtes Material:

- 25 Blatt Seidenpapier
- Geschenkpapier, passend zum Farbkonzept
- Schere
- Pappe oder dicken Karton für die Schablone
- Kleber
- Organzaband, 10 Millimeter breit, 45-Meter-Rolle
- Fünf Mandeln pro Person

SO WIRD'S GEMACHT:

1. Paust die Tütenvorlage vom Buch ab und bastelt mit Pappe oder einem dicken Karton eine Schablone.
2. Zeichnet dann mithilfe der Schablone die Tüte auf den Geschenkpapierbogen und schneidet die Formen aus.
3. Wiederholt das Ganze auf dem Seidenpapier und schneidet die Seidenpapier-Formen ebenfalls aus.

4. Verteilt dann den Kleber sparsam am runden Ende der Geschenkpapier-Tüte, klappt dann den Kleberand der Geschenkpapier-Form ebenfalls ein und klebt vorsichtig Kleber darauf. Legt nun die Seidpapier-Tüte auf die Geschenkpapier-Tüte und rollt alles so zusammen, dass die Klebeseite innen verklebt wird. Trocknen lassen.
5. Schneidet das Organzaband zu (20 Zentimeter pro Tüte) und befüllt die Tüte mit den Mandeln. Schleifchen drum und fertig ist das Gastgeschenk.

Tipp: Die Tütchen könnt ihr natürlich auch mit anderen kleinen Aufmerksamkeiten befüllen: Schokoladeneier, Pralinen, Rocherkugeln, Marshmallows ...

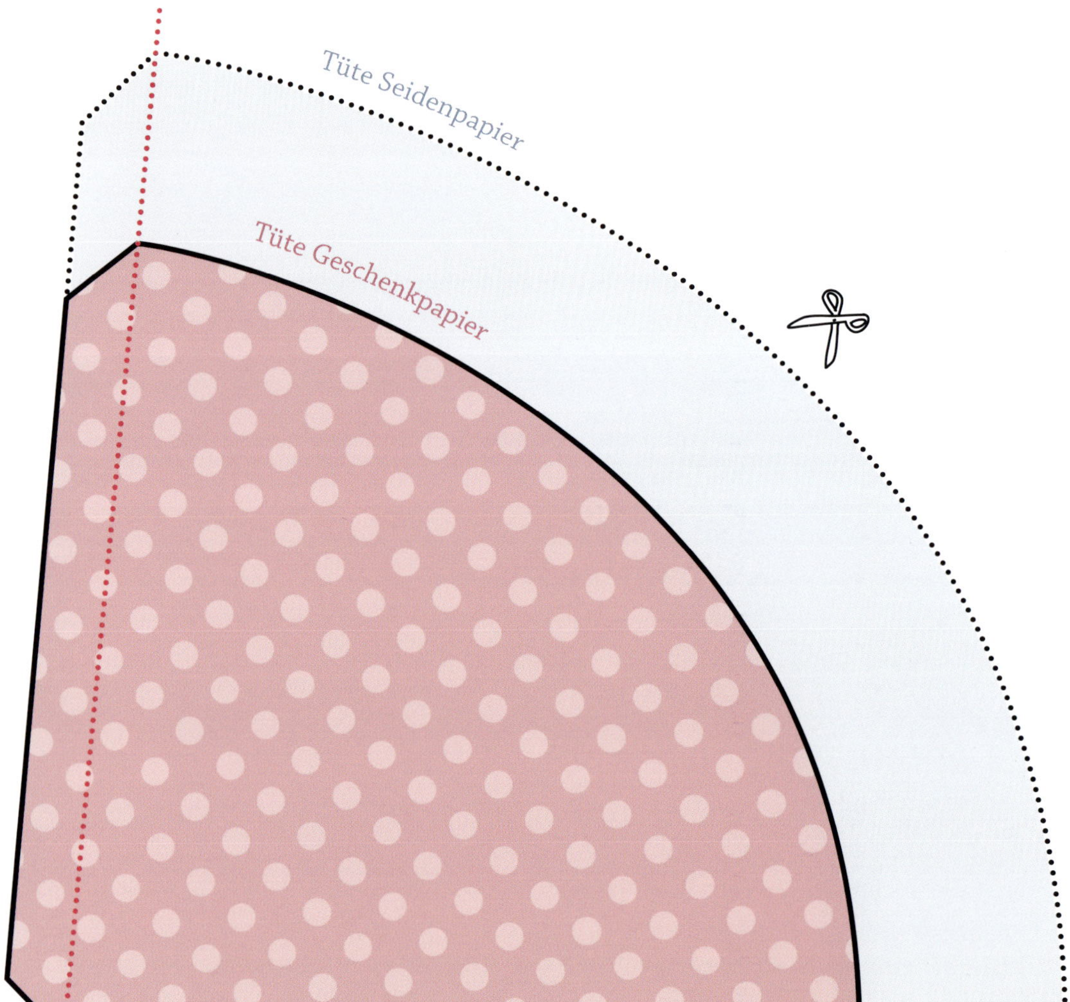

Dankeskarten selbst gestalten

Vorsorgen ist besser als Nachsorgen. Das gilt nicht nur in puncto Rente, sondern auch bei der Hochzeitsnachbereitung. Und da gehören Dankeskarten eben dazu. Mit einem kleinen Trick könnt ihr euch diese Arbeit schon ein wenig erleichtern.

Bastelt euch einfach eine Dankes-Girlande und lasst euch gegen Ende eures Shootings am Hochzeitstag einfach damit ablichten.

Wenn ihr die Einladungskarten mit ausgeschnittenen Herzchen gebastelt habt, habt ihr noch ganz viele Herzchen übrig, die ihr am Anfang und Ende der Girlande auffädeln könnt.

Für die Dankes-Girlande

Benötigtes Material:

- 1 Bogen Tonkarton DIN A4, weiß
- Dicke Pappe oder fester Karton für die Schablone
- Zwei oder mehrere Herzchen (von den Einladungskarten)
- Schere
- Bleistift oder Ahle
- Kork oder Filz
- Eddingstift
- Textilkordel

SO WIRD'S GEMACHT:

1. Paust die Schablone (Seite 141) ab und übertragt sie auf ein Stück Pappe.
2. Legt die Schablone auf den Tonkarton und zeichnet mit Bleistift fünf Kreise auf.
3. Beschriftet die Kreise mit den Buchstaben: D, A, N, K, E.
4. Nehmt einen spitzen Gegenstand, zum Beispiel einen Bleistift oder eine Ahle, und legt eine weiche Unterlage unter den Kreis (Kork oder Filz eignet sich besonders gut).
5. Stecht jetzt je zwei Löcher (siehe Bild) in die Kreise, sodass ihr eure Schnur gut hindurchbringt.
6. Fädelt dann die Kreise auf die Textilkordel und achtet auf die richtige Reihenfolge der Buchstaben.
7. Am Anfang und Ende der Buchstaben könnt ihr ein oder mehrere Herzchen auffädeln.

Für die Dankeskarte

Benötigtes Material:

Fotoapparat
Tonpapier oder Tonkarton im DIN-A4-Format
Klebestift
Farblich passenden Eddingstift oder Textmarker

SO WIRD'S GEMACHT:

1. Lasst eure Dankes-Fotos im Format 9 x 13 Zentimeter entwickeln.
2. Nehmt das Tonpapier und viertelt es. Ihr bekommt dann jeweils Kärtchen von 15 x 10 Zentimeter.
3. Klebt dann das Foto mittig auf die Kärtchen und schreibt auf die Rückseite den Text.

Danksagung

An dieser Stelle möchte ich mich ganz herzlich bei all denen bedanken, die dazu beigetragen haben, dass aus vielen kleinen DIY-Ideen ein Buch wird. An erster Stelle möchte ich mich bei Kathrin Aiwanger bedanken, für ihre Hilfe, ihre tollen Ideen und ihren Einsatz. Vielen Dank auch an Nikki Schäfer von Blende11, die uns so viele zauberhafte Fotos zur Verfügung gestellt hat.

Danke auch an Anja Vanessa Austregesilo-Vockrodt, die durch ihre Kompetenz und ihr handwerkliches Know-how dem Buch den letzten Schliff gegeben hat.

Und natürlich möchte ich meinem Mann danken, ohne dessen Antrag ich mich wahrscheinlich gar nicht mit dem Thema Hochzeit beschäftigt hätte. Ja, und auch ein bisschen dafür, dass er mich kreativ hat walten lassen.

Ein großer Dank gilt meiner lieben Freundin Meike, die diese wunderbare Hochzeitstorte zusammen mit Jasmin gebacken hat.

Danke auch an den Verlag, meine Kolleginnen und Kollegen für ihre tatkräftige Unterstützung.

Ich hoffe, mit diesem Buch ein paar schöne Anregungen gegeben zu haben und ich hoffe, es war und ist euch eine Hilfe bei der Gestaltung eurer Hochzeit.

Macht es vor allem so, wie es euch gefällt, hört in euch hinein und setzt das um, was da schlummert, und vor allem – genießt es!

Viel Spaß bei eurer Hochzeit
Linda Diehl

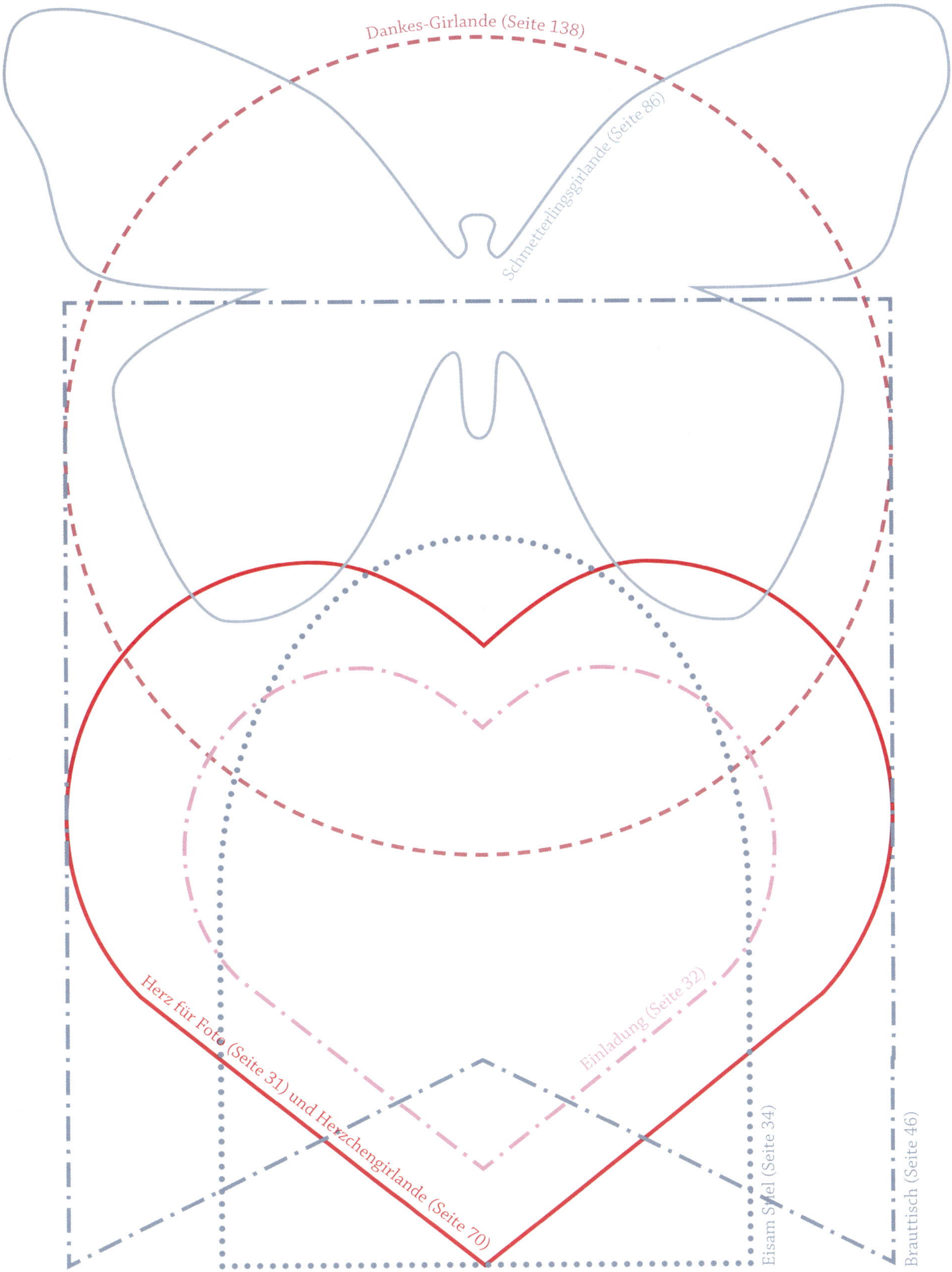
Dankes-Girlande (Seite 138)
Schmetterlingsgirlande (Seite 86)
Einladung (Seite 32)
Herz für Foto (Seite 31) und Herzchengirlande (Seite 70)
Eisam Stiel (Seite 34)
Brauttisch (Seite 46)

BILDNACHWEIS

S. 9: iStockphoto/Liudmila_Fadzeyeva; S. 10: Ramona Heim/fotolia.com; S. 11: AVN Photo Lab/Shutterstock.com; S. 14, 17, 31, 33, 35, 39, 43, 44, 49, 53, 54, 55, 58, 59, 61, 68, 71, 76, 83, 95, 96, 100, 102, 103, 105, 108, 109, 112, 113, 114, 116, 128, 130, 131, 132, 134, 139 blende11 fotografen/Nicki Schäfer; S. 16: Doczky/Shutterstock.com; S. 18: IVASHstudio/Shutterstock.com; S. 19: Forewer/Shutterstock.com; S. 20: A StockStudio/Shutterstock.com; S. 21: aprilante/Shutterstock.com; S. 22: Mila Supinskaya Glashchenko/Shutterstock.com; S. 23: Maciej Bledowski/ Shutterstock.com; S. 24: Nikonova Margarita/Shutterstock.com; S. 24: AnnaGorbenko/Shutterstock.com; S. 25: sobokar/fotolia.com; S. 31: dobino/fotolia.com; S. 36: Little Hand Creations/Shutterstock.com; S. 38: Alex Tihonovs/ Shutterstock.com; S. 45: Ruslan Shramko/Shutterstock.com; S. 46: extremechan/Shutterstock.com; S. 51: anna42f/Shutterstock.com; S. 52: Alex Gukalov/Shutterstock.com; S. 56: Kati Molin/fotolia.com; S. 57: monoliza/fotolia.com; S. 62: dfrolovXIII/Shutterstock.com; S. 65: istockphoto/lucop; S. 66: iStockphoto/ Liudmila_Fadzeyeva; S. 72: dmitry zubarev/Shutterstock.com; S. 73: aprilante/Shutterstock.com; S. 75: IVASHstudio/Shutterstock.com; S. 78: Orenn/Shutterstock.com; S. 80: Dragon Images/Shutterstock.com; S. 81: ben bryant/Shutterstock.com; S. 84: alexkich/Shutterstock.com; S. 85: Rinafoto/Shutterstock.com; S. 87: Maria Averburg/Shutterstock.com; S. 89: Ruth Black/fotolia.com; S. 90: Kati Molin/Shutterstock.com; S. 91: BlueOrange Studio/fotolia.com; S. 92: Marija Kerekes/Shutterstock.com; S. 93: zi3000/fotolia.com; S. 99: Elena Veselova/Shutterstock.com; S. 106: Elena Veselova/Shutterstock.com; S. 107: Ekaterina Kondratova/ Shutterstock.com; S. 111: nick vangopoulos/Shutterstock.com; S. 111: Halfpoint/Shutterstock.com; S. 117: Augustino/Shutterstock.com; S. 118: claraxy/Shutterstock.com; S. 123: Dmitry Sheremeta/Shutterstock.com; S. 124: path21/Shutterstock.com; S. 124: Ateam/Shutterstock.com; S. 125: Mila Supinskaya Glashchenko/Shutter-stock.com; S. 126: Mila Supinskaya Glashchenko/Shutterstock.com; 127: Mila Supinskaya Glashchenko/ Shutterstock.com; S. 137: lsantilli/fotolia.com

Impressum

Die Ratschläge in diesem Buch sind von Autorin und Verlag sorgfältig erwogen und geprüft, dennoch kann eine Garantie nicht übernommen werden. Die Haftung der Autorin beziehungsweise des Verlags und seiner Beauftragten für Personen-, Sach- und Vermögensschäden ist ausgeschlossen.

www.herder.de
www.urania-verlag.de
Umschlaggestaltung: Designbüro Gestaltungssaal
Umschlagmotive: © shutterstock/© istock
Innengestaltung und Satz: agentur IDee, www.agenturidee.de
Herstellung: Graspo CZ, Zlín

ISBN 978-3-451-66070-2